MOMENTOS COM DEUS PARA *mulheres*

100 DEVOCIONAIS PARA REFLEXÃO E RENOVO

Originally published in English under the title
Moments with God for Women: 100 Devotions for Reflection and Renewal
©2022 by Our Daily Bread Ministries
Our Daily Bread Publishing, P.O. Box 3566, Grand Rapids, MI 49501, USA.
All rights reserved
Tradução e impressão em português com permissão
© 2024 Publicações Pão Diário, Brasil

Coordenação editorial: Adolfo A. Hickmann
Tradução e adaptação: Giovana Caetano, Rita Rosário
Revisão: Marília P. Lara
Capa: Patti Brinks
Projeto gráfico: Michael J. Williams
Diagramação: Audrey Novac Ribeiro

Dados internacionais de Catalogação na Publicação (CIP)

HAGGARD, Anna (Editora)
Momentos com Deus para mulheres — 100 devocionais para reflexão e renovo
Tradução: Giovana Caetano, Rita Rosário — Curitiba/PR, Publicações Pão Diário
Título original: *Moments with God for Women: 100 Devotions for Reflection and Renewal*
1. Religião   2. Vida cristã   3. Espiritualidade   4. Devocional   5. Mulheres

---

Proibida a reprodução total ou parcial, sem prévia autorização, por escrito, da editora. Todos os direitos reservados e protegidos pela Lei 9.610 de 19/02/1998.

Os devocionais compilados neste livro foram publicados, pela primeira vez, ao longo de vários anos, no devocional *Pão Diário*. A lista completa de autores encontra-se ao final desta obra (p.206). Permissão para reprodução: permissao@paodiario.org

Exceto se indicado o contrário, as citações bíblicas são extraídas da Bíblia Sagrada: Nova Versão Transformadora © Editora Mundo Cristão, 2016

Publicações Pão Diário
Caixa Postal 9740
82620-981 Curitiba/PR, Brasil
publicacoes@paodiario.org
www.publicacoespaodiario.com.br
Telefone: (41) 3257-4028

Código: TH518
ISBN: 978-65-5350-401-1

1.ª edição: 2024

Impresso na China

INTRODUÇÃO

*Jesus despertou, repreendeu o vento e disse ao mar:
"Silêncio! Aquiete-se!". De repente,
o vento parou, e houve grande calmaria.*
Marcos 4:39

Jesus disse ao vento e às ondas: "Silêncio! Aquiete-se!". E no evangelho de Mateus, lemos que Jesus chama aqueles que o ouvem para que encontrem paz nele: "Venham a mim todos vocês que estão cansados e sobrecarregados, e eu lhes darei descanso" (11:28). O seu Salvador estende esse convite a você também.

Nos próximos cem dias, deixe que as palavras de Jesus e Sua Palavra a ancorem nele e no descanso tranquilo que Ele oferece. Não importam as tempestades em seu ambiente externo ou em seu próprio espírito: os medos, desânimos e arrependimentos que sequestram a sua alegria. Você pode encontrar refúgio meditando no amor de Deus por você.

Em *Momentos com Deus para mulheres*, você terá a oportunidade de fazer uma pausa. Acalme-se. Tenha comunhão com Deus. Se você optar por ler o devocional no início, no meio ou no final de cada dia, faça-o com a expectativa de nutrir a sua alma. Convide o Espírito Santo para guiá-la, para envolver seu coração, mente e espírito.

Escute a Sua voz durante todo o seu momento devocional. Cada dia começa com uma passagem para você ler em sua própria Bíblia e, em seguida, uma leitura reflexiva que conecta o relato de um fato àquele texto bíblico. São apresentados tópicos como: oração, a presença de Deus, os atributos do Pai, Filho e Espírito Santo, e o seu propósito e seu poder quando você permanece nele. Depois disso, você terá a oportunidade de *refletir* e *renovar* seu compromisso com Cristo por meio da prática das passagens adicionais da Bíblia e das sugestões de motivos para colocar em oração diante do Pai. Você se sentirá pronta para conversar: a Palavra de Deus é viva e eficaz e, por meio dela, Cristo pode falar poderosamente. Ore com as Escrituras. Pergunte a Deus: "Qual é o Teu convite para mim através do texto?". E ouça a Sua amorosa resposta.

Ao encerrar o seu momento devocional diário, permita que as verdades nas quais você meditou penetrem e se entranhem profundamente em seu coração para a sustentar e reconfortar. Apegue-se a Ele e às verdades que lhe forem sendo transmitidas ao longo do dia. Lembre-se de que a presença de Deus a acompanha. E Sua promessa de descanso é contínua, por onde quer que você for, seja qual for a sua circunstância, e não importa o tamanho da sua necessidade. Acima de tudo, tenha coragem: Aquele que comanda o vento e as ondas também vive em seu interior!

> Ore com as Escrituras. Pergunte a Deus: "Qual é o Teu convite para mim através do texto?". E ouça a Sua amorosa resposta.

Minha alma se apega ao Senhor; Sua forte mão direita me sustenta. Salmo 63:8

Anna Haggard, editora de
Momentos com Deus para mulheres

1

Deus tudo ouve

1 Reis 18:25-27,30-38

Um dos maiores atrasos postais na história durou 89 anos. Em 2008, a proprietária de um imóvel no Reino Unido recebeu um convite para uma festa que tinha sido enviado em 1919 para a ex-moradora de seu endereço. A razão por trás desse longo atraso permanece um mistério.

Até os melhores esforços humanos de comunicação às vezes nos decepcionam, mas as Escrituras deixam claro que Deus nunca deixa de ouvir Seu povo fiel. Elias demonstrou o notável contraste entre o deus pagão Baal e Deus Jeová. Em um confronto para demonstrar quem era o verdadeiro Deus, depois que os profetas de Baal haviam orado por horas, Elias os provocou: "Vocês precisam gritar mais alto [...] Sem dúvida ele é um deus! Talvez esteja meditando ou ocupado em outro lugar ou quem sabe viajando, ou dormindo e precise ser acordado" (1 Reis 18:27)! Em seguida, o profeta Elias orou para que o Senhor respondesse, para que o Seu povo voltasse à fé, e o poder de Deus foi claramente demonstrado.

Embora as nossas orações nem sempre sejam respondidas imediatamente como aconteceu para Elias, podemos ter a certeza de que Deus as ouve (Salmo 34:17). A Bíblia ensina que o Senhor aprecia tanto as nossas orações que as guarda diante dele em "taças de ouro", como incenso precioso (Apocalipse 5:8). Deus responderá a cada oração em Sua própria e perfeita sabedoria e maneira. Não há cartas perdidas no Céu.

MOMENTOS DE REFLEXÃO

No mesmo instante, fogo do Senhor desceu do céu e queimou o novilho, a madeira, as pedras e o chão, e secou até a água da valeta. 1 Reis 18:38

O Senhor ouve os justos quando clamam por socorro; ele os livra de todas as suas angústias. Salmo 34:17

O Senhor dirige os passos do justo; ele se agrada de quem anda em seu caminho. Ainda que tropece, não cairá, pois o Senhor o segura pela mão. Salmo 37:23-24

MOMENTOS DE RENOVAÇÃO

Entregue a Deus um desejo, sonho ou uma oração ainda não realizados. Ouça o que Ele tem a dizer ao seu coração.

2

A promessa de Jesus para você

João 14:15-21,25-27

Enzo choramingou quando seus pais o entregaram a Ana. Era a primeira vez da criança de 2 anos no berçário da igreja local, enquanto a mamãe e o papai assistiam ao culto, mas o garoto não estava feliz. Ana lhes garantiu que o garoto ficaria bem. Ela tentou acalmá-lo com brinquedos e livros, balançando-o em uma cadeira, andando com ele, parando e falando sobre como o garoto poderia se divertir. Mas tudo era recebido com muitas lágrimas e altos gritos. Então ela sussurrou cinco simples palavras em seu ouvido: "Eu vou ficar com você". A paz e o consolo rapidamente se instalaram.

Jesus também ofereceu aos Seus amigos palavras de conforto durante a semana da Sua crucificação: "...eu pedirei ao Pai, e ele lhes dará outro Encorajador, que nunca os deixará. É o Espírito da verdade..." (João 14:16-17). Após a Sua ressurreição, Ele lhes deu esta promessa: estarei "...sempre com vocês, até o fim dos tempos" (Mateus 28:20). Jesus em breve ascenderia ao Céu, mas enviaria o Espírito para "permanecer" e habitar entre o Seu povo.

Sentimos o conforto e a paz do Espírito quando as nossas lágrimas fluem. Recebemos a Sua orientação ao nos questionarmos sobre o que fazer (João 14:26). O Espírito Santo abre os nossos olhos para entendermos mais de Deus (Efésios 1:17-20), ajuda-nos em nossas fraquezas e intercede por nós (Romanos 8:26-27).

Ele permanece conosco para sempre.

MOMENTOS DE REFLEXÃO

E o Espírito nos ajuda em nossa fraqueza, pois não sabemos orar segundo a vontade de Deus, mas o próprio Espírito intercede por nós com gemidos que não podem ser expressos em palavras. E o Pai, que conhece cada coração, sabe quais são as intenções do Espírito, pois o Espírito intercede por nós, o povo santo, segundo a vontade de Deus. Romanos 8:26-27

Mas quando o Pai enviar o Encorajador, o Espírito Santo, como meu representante, ele lhes ensinará todas as coisas e os fará lembrar tudo que eu lhes disse. João 14:26

E lembrem-se disto: estou sempre com vocês, até o fim dos tempos. Mateus 28:20

MOMENTOS DE RENOVAÇÃO

Senhor, sou grata por estares sempre ao meu lado, Jesus! Eu preciso de ti.

3

Profundezas do amor

1 João 3:1-6

Daniel, de 3 anos, tinha acabado de aprender a nadar quando pisou numa madeira podre e caiu num poço de 12 metros de profundidade no quintal de seu avô. Daniel conseguiu boiar, apesar dos 3 metros de água abaixo dele, até que seu pai desceu para resgatá-lo. Os bombeiros trouxeram cordas para resgatar o menino, mas o pai estava tão preocupado com o filho que já havia descido pelas pedras escorregadias para certificar-se de que Daniel estava seguro.

Até onde vai o amor de um pai pelos filhos!

Quando João escreveu aos cristãos da Igreja Primitiva, que lutavam para encontrar o fundamento de sua fé enquanto o falso ensino corria solto entre eles, o apóstolo lançou estas palavras como verdadeiro salva-vidas: "Vejam como é grande o amor do Pai por nós, pois ele nos chama de filhos, o que de fato somos!" (1 João 3:1). Afirmar que os cristãos são "filhos" de Deus expressou a comunhão íntima e legal que validou o relacionamento de todos que confiam no Senhor.

A que distâncias e profundezas Deus irá por Seus filhos!

Há ações que apenas os pais tomarão por seus filhos, como descer num poço para os resgatar. Assim foi o supremo ato de nosso Pai celestial, que enviou o Seu único Filho para nos trazer a salvação e nos aproximar do Seu coração, restaurando-nos à vida com Ele (vv.5,6).

MOMENTOS DE REFLEXÃO

Vejam como é grande o amor do Pai por nós, pois ele nos chama de filhos, o que de fato somos! 1 João 3:1

Mas, a todos que creram nele e o aceitaram, ele deu o direito de se tornarem filhos de Deus. Estes não nasceram segundo a ordem natural, nem como resultado da paixão ou da vontade humana, mas nasceram de Deus. João 1:12-13

Portanto, o S<small>ENHOR</small> esperará até que voltem para ele, para lhes mostrar seu amor e compaixão. Pois o S<small>ENHOR</small> é Deus fiel; felizes os que nele esperam. Isaías 30:18

MOMENTOS DE RENOVAÇÃO

Pai, obrigada por me alcançares no fundo do poço, trazendo-me de volta a ti!

4

O segredo do contentamento

Filipenses 4:10-19

A vida de Joni Eareckson Tada tornou-se muito diferente quando ela sofreu um acidente de natação e ficou tetraplégica. As portas da casa dela eram estreitas e não davam passagem para a cadeira de rodas e as pias estavam muito altas. Ela precisava de ajuda para alimentar-se até o ponto de ela decidir que precisava reaprender a fazer isso sozinha. Levando a colher especial da sua tala de braço à boca pela primeira vez, ela errou o movimento e sentiu-se humilhada ao espalhar o purê de maçã em suas roupas. Mas ela perseverou. Como ela diz: "O meu segredo foi aprender a confiar em Jesus e pedir a Deus que me ajudasse a conseguir". E o Senhor a ajudou. Hoje Joni direciona muito bem os movimentos da colher à sua boca.

Joni diz que o seu confinamento a fez olhar para outro prisioneiro — o apóstolo Paulo, que esteve encarcerado, e ao que ele escreveu aos filipenses. Ela se esforça para conseguir o que Paulo alcançou: "aprendi a ficar satisfeito com o que tenho" (Filipenses 4:11). Ele precisou aprender a sentir paz. Isso não lhe era natural. Como Paulo encontrou contentamento? Alicerçando a sua confiança em Cristo: "Posso todas as coisas por meio de Cristo, que me dá forças" (v.13).

Todos nós enfrentamos desafios diferentes em nossos dias; todos nós podemos olhar para Jesus em todo momento em busca de ajuda, força e paz. Ele nos ajudará em nossas reações tempestivas com os nossos entes queridos. O Senhor nos concederá a coragem para dar o próximo passo difícil. Olhemos para Jesus e encontraremos o verdadeiro contentamento.

MOMENTOS DE REFLEXÃO

Sei viver na necessidade e também na fartura. Aprendi o segredo de viver em qualquer situação, de estômago cheio ou vazio, com pouco ou muito. Posso todas as coisas por meio de Cristo, que me dá forças. Filipenses 4:12-13

E esse mesmo Deus que cuida de mim lhes suprirá todas as necessidades por meio das riquezas gloriosas que nos foram dadas em Cristo Jesus. Filipenses 4:19

MOMENTOS DE RENOVAÇÃO

Jesus, agradeço-te por me concederes coragem e esperança. Quando me sentir fraca, ajuda-me a encontrar forças em ti.

5

Mantenha-se firme

Isaías 41:10-13

Harriet Tubman foi uma das grandes heroínas norte-americanas do século 19. Ela demonstrou notável coragem ao conduzir mais de 300 companheiros escravos à liberdade, depois de ela mesma ter escapado da escravidão, cruzando os territórios livres ao norte dos Estados Unidos. Não satisfeita em apenas desfrutar de sua liberdade, ela voltou 19 vezes aos estados escravagistas para resgatar à liberdade seus amigos, família e desconhecidos, muitas vezes guiando-os na travessia a pé até o vizinho Canadá.

O que a motivou a agir tão corajosamente? Sendo uma mulher de profunda fé, ela certa vez declarou: "Eu sempre disse a Deus: permanecerei firme em ti, e terás que me sustentar". Sua dependência na orientação de Deus foi recompensada à medida que tirava as pessoas da escravidão.

O que significa *manter-se firme* em Deus? Um versículo no livro de Isaías pode nos ajudar a entender que, na verdade, é o Senhor que nos ampara enquanto seguramos Sua mão. Por meio do profeta, Deus disse: "Pois eu o seguro pela mão direita, eu, o SENHOR, seu Deus, e lhe digo: 'Não tenha medo, estou aqui para ajudá-lo'" (41:13).

Harriet apegou-se firmemente a Deus, e Ele atendeu as necessidades dela. Quais desafios você enfrenta? Apegue-se firmemente ao Senhor, enquanto Ele "toma conta" de sua mão e de sua vida. "Não tenha medo." O Senhor Deus a ajudará.

MOMENTOS DE REFLEXÃO

Pois eu o seguro pela mão direita, eu, o Senhor, seu Deus, e lhe digo: Não tenha medo, estou aqui para ajudá-lo. Isaías 41:13

"Não tema, pois eu o resgatei; eu o chamei pelo nome, você é meu. Quando passar por águas profundas, estarei a seu lado. Quando atravessar rios, não se afogará. Quando passar pelo fogo, não se queimará; as chamas não lhe farão mal. Isaías 43:1-2

O Senhor é minha luz e minha salvação; então, por que ter medo? O Senhor é a fortaleza de minha vida; então, por que estremecer? Salmo 27:1

MOMENTOS DE RENOVAÇÃO

Conte a Deus sobre um desafio, medo ou desapontamento em sua vida. Ouça-o enquanto você compartilha sobre as suas circunstâncias com Ele.

6

Orando como Jesus

Lucas 22:39-44

Toda moeda tem dois lados. A frente é chamada de "cara" e, desde o início dos tempos romanos, a cunhagem geralmente representa o chefe de estado de um país. O reverso da moeda é chamado "coroa" e estampa algo significativo da nação.

Como uma moeda, a oração de Cristo no jardim do Getsêmani possui dois lados. Nas horas mais intensas de Sua vida, na noite anterior à Sua morte na cruz, Jesus orou: "Pai, se queres, afasta de mim este cálice. Contudo, que seja feita a tua vontade, e não a minha" (Lucas 22:42). Quando Cristo diz: "afasta de mim este cálice", essa é a mais honesta e sincera oração. Ele revela o Seu desejo pessoal. "É isso o que eu quero."

Em seguida, Jesus gira a moeda orando para "que seja feita a tua vontade, e não a minha". Esse é o lado do abandono. Esse abandonarmo-nos a Deus começa quando dizemos simplesmente: "Mas o que Tu queres, Deus?".

Lemos sobre essa oração em "duas frentes" em Mateus 26 e Marcos 14, e é novamente mencionada em João 17. Jesus fez os dois lados dessa oração: afasta de mim este cálice (o que eu quero, Deus), mas que seja feita a Tua vontade, e não a minha (o que Tu queres, Deus?).

As duas "faces" de Jesus estampadas em dois aspectos da Sua oração.

MOMENTOS DE REFLEXÃO

Então foram a um lugar chamado Getsêmani [...]. Ele avançou um pouco e curvou-se até o chão. Então orou para que, se possível, a hora que o esperava fosse afastada dele. E clamou: "Aba, Pai, tudo é possível para ti. Peço que afastes de mim este cálice. Contudo, que seja feita a tua vontade, e não a minha". Marcos 14:32, 35-36

Tu me mostrarás o caminho da vida e me darás a alegria de tua presença e o prazer de viver contigo para sempre. Salmo 16:11

MOMENTOS DE RENOVAÇÃO

Pai, ajuda-me a seguir o exemplo do Teu Filho, que deu tudo para que eu pudesse ter uma vida verdadeira que inclui usufruir de intimidade contigo na oração.

7

O Deus esquecido

1 Coríntios 2:6-16

Quando citamos o Credo Apostólico, dizemos "Creio no Espírito Santo". O autor J. B. Phillips disse: "toda vez que dizemos [isso], queremos dizer que cremos que [o Espírito] é o Deus vivo capaz e desejoso de adentrar a personalidade humana e transformá-la".

Às vezes, esquecemo-nos de que o Espírito Santo não é uma força impessoal. A Bíblia o descreve como Deus. Ele possui os atributos de Deus: está presente em toda parte (Salmo 139:7-8), conhece todas as coisas (1 Coríntios 2:10-11) e tem poder infinito (Lucas 1:35). Ele também faz coisas que somente Deus pode fazer: criar (Gênesis 1:2) e conceder vida (Romanos 8:2). Ele é igual, em todas as maneiras, às outras Pessoas da Trindade — o Pai e o Filho.

O Espírito Santo é uma Pessoa que interage pessoalmente conosco. Ele se entristece quando pecamos (Efésios 4:30). Ele nos ensina (1 Coríntios 2:13), ora por nós (Romanos 8:26), guia-nos (João 16:13), concede-nos dons espirituais (1 Coríntios 12:11) e nos assegura da salvação (Romanos 8:16).

O Espírito Santo habita em nós se tivermos recebido o perdão dos pecados por meio de Jesus. Ele deseja transformar-nos para que nos tornemos cada vez mais semelhantes a Jesus. Vamos cooperar com o Espírito pela leitura da Palavra de Deus e confiar em Seu poder para obedecer ao que aprendemos.

MOMENTOS DE REFLEXÃO

A terra era sem forma e vazia, a escuridão cobria as águas profundas, e o Espírito de Deus se movia sobre a superfície das águas. Gênesis 1:2

…ninguém conhece os pensamentos de Deus, senão o Espírito de Deus. 1 Coríntios 2:11

Pois em Cristo Jesus a lei do Espírito que dá vida os libertou da lei do pecado, que leva à morte. Romanos 8:2

MOMENTOS DE RENOVAÇÃO

Espírito Santo, obrigada por tornares possível que vivamos uma vida santa, separada para Deus. Ajuda-me a aproximar-me de ti e a buscar os dons espirituais que me deste.

8

Dia de lavar as roupas

Mateus 28:16-20

Dirigindo por uma área de baixa renda perto de sua igreja, o pastor Chad Graham, começou a orar por seus "vizinhos". Ao passar por uma pequena lavanderia, ele parou e deu uma olhada em seu interior repleto de clientes. Um deles pediu-lhe uma moeda para poder acionar a secadora. Esse pequeno pedido o inspirou a iniciar o projeto "Dia da Lavanderia", patrocinado semanalmente pela igreja de Graham. Os membros doam moedas e sabão para uso na lavanderia comunitária, oram com os clientes e apoiam o proprietário do estabelecimento.

Esse alcance evangelístico reflete a grande comissão de Jesus aos Seus discípulos. "Jesus se aproximou deles e disse: 'Toda a autoridade no céu e na terra me foi dada. Portanto, vão e façam discípulos de todas as nações, batizando-os em nome do Pai, do Filho e do Espírito Santo'" (Mateus 28:18-19).

A presença do Espírito Santo de Deus possibilita a proclamação do evangelho em toda parte, incluindo uma lavanderia. Na verdade, não vamos sozinhos. Jesus prometeu: "estou sempre com vocês, até o fim dos tempos" (v.20).

Esse pastor pôde orar por um cliente que lutava contra o câncer e relatou: "Ao abrirmos os olhos, todos os clientes estavam orando e com as mãos estendidas em direção ao enfermo. Foi um dos momentos mais sagrados que já experimentei sendo pastor".

MOMENTOS DE REFLEXÃO

Vocês são a luz do mundo. É impossível esconder uma cidade construída no alto de um monte. Mateus 5:14

Portanto, vão e façam discípulos de todas as nações…
Mateus 28:19

[Disse Jesus:] Não te peço apenas por estes discípulos, mas também por todos que crerão em mim por meio da mensagem deles. Minha oração é que todos eles sejam um, como nós somos um, como tu estás em mim, Pai, e eu estou em ti. João 17:20-21

MOMENTOS DE RENOVAÇÃO

Pergunte a Deus onde Ele a convida para ministrar aos outros hoje ou neste momento, e ouça a orientação do Senhor, agora e ao longo do dia.

9

Anseio por Deus

Neemias 1:5-11

Quando o casal Silva se mudou a uns 8 quilômetros adiante de onde viviam, o seu gato Amores mostrou o seu descontentamento fugindo da nova moradia. Certo dia, Sara viu uma foto de sua antiga casa nas redes sociais. E lá estava o seu antigo gato na mesma foto.

Felizes, os Silva foram buscá-lo, e o gato voltou a fugir. E para onde ele foi? Dessa vez, a família que tinha comprado a casa concordou em manter o gato também. Era inevitável: o gato sempre voltava "ao lar".

Neemias serviu numa posição de prestígio na corte do rei em Susã, mas o coração dele estava noutro lugar. Ele tinha acabado de ouvir a triste notícia de que "A cidade onde estão sepultados meus antepassados está em ruínas, e suas portas foram destruídas pelo fogo" (Neemias 2:3), e portanto, ele orou: "Por favor, lembra-te do que disseste a teu servo Moisés: '[...] mas, se voltarem para mim e obedecerem a meus mandamentos e viverem de acordo com eles, então, mesmo que estejam exilados nos confins da terra, eu os reunirei e os trarei de volta ao lugar que escolhi para estabelecer meu nome'" (1:8-9).

O lar é onde está o coração, dizem. No caso de Neemias, o desejo pelo lar era mais do que algo atrelado ao solo. O que ele mais desejava era a comunhão com Deus. Jerusalém foi o lugar que Deus escolheu para estabelecer o Seu nome.

Na verdade, a insatisfação que sentimos é um anseio por Deus, o desejo de estar no lar eterno com Ele.

MOMENTOS DE REFLEXÃO

...mesmo que estejam exilados nos confins da terra, eu os reunirei e os trarei de volta ao lugar que escolhi... Neemias 1:9

Na casa de meu Pai há muitas moradas. Se não fosse assim, eu lhes teria dito. Vou preparar lugar para vocês... João 14:2

*Não tenha medo nem desanime, pois o próprio S*enhor *irá adiante de vocês. Ele estará com vocês; não os deixará nem os abandonará.* Deuteronômio 31:8

MOMENTOS DE RENOVAÇÃO

Pai, ajuda-me a entender que somente Tu podes satisfazer os meus anseios. Ajuda-me a estar bem achegado a ti, não importa onde eu estiver.

10

Poderosa

1 Samuel 17:32,41-47

Saybie nasceu "microprematura", com 23 semanas e pesando 245 gramas. Os médicos duvidaram que ela sobreviveria e disseram aos pais que teriam provavelmente apenas uma hora com a filha. No entanto, Saybie continuou lutando. Um cartão de cor rosa perto de seu berço dizia: "Minúscula, mas poderosa". E após 5 meses no hospital, saudável e com 2,5 quilos, Saybie foi milagrosamente para casa. Ela é recorde mundial: o menor bebê sobrevivente do mundo.

É maravilhoso ouvir as histórias dos que superam as probabilidades. A Bíblia conta uma dessas histórias. Davi, um menino pastor, ofereceu-se para lutar contra Golias — um guerreiro enorme que difamou Deus e ameaçou Israel. O rei Saul não deu crédito a Davi: "Você não conseguirá lutar contra esse filisteu e vencer! É apenas um rapaz, e ele é guerreiro desde a juventude" (1 Samuel 17:33). Quando o jovem Davi pisou no campo de batalha, Golias riu "com desprezo do belo jovem ruivo" (v.42). No entanto, Davi não entrou naquela batalha sozinho; ele a enfrentou "em nome do SENHOR dos Exércitos, o Deus dos exércitos de Israel" (v.45). No final do dia, Davi foi vitorioso e Golias estava morto.

Não importa o tamanho do problema, quando Deus está conosco não há o que temer. Com a Sua força, também somos fortes.

MOMENTOS DE REFLEXÃO

Davi respondeu ao filisteu: "Você vem a mim com uma espada, uma lança e um dardo, mas eu vou enfrentá-lo em nome do Senhor dos Exércitos, o Deus dos exércitos de Israel, que você desafiou". 1 Samuel 17:45

Que podemos dizer diante de coisas tão maravilhosas? Se Deus é por nós, quem será contra nós? Romanos 8:31

Que minha alma espere em silêncio diante de Deus, pois nele está minha esperança. Somente ele é minha rocha e minha salvação, minha fortaleza onde não serei abalado. Salmo 62:5-6

MOMENTOS DE RENOVAÇÃO

Fale com Deus sobre uma área de sua vida na qual você se sente pequena ou insignificante. Diga ao Senhor que precisa da presença dele em sua vida e ouça a Sua resposta amorosa.

11

Antes mesmo de você pedir

Isaías 65:17-25

Um casal de amigos meus desfruta de um casamento saudável por décadas, e amo vê-los interagindo. Um estende a manteiga para o outro antes mesmo de ser solicitado. O outro reabastece um copo no momento perfeito. Quando eles contam histórias, terminam as frases um do outro. Às vezes parece que sabem "ler" o que o outro pensa.

É reconfortante saber que Deus nos conhece e protege mais do que qualquer pessoa que conhecemos e amamos. Quando Isaías descreve o relacionamento entre Deus e Seu povo no reino vindouro, ele demonstra que o relacionamento é de comunhão íntima e de bondade. Deus diz sobre o Seu povo: "Eu os atenderei antes mesmo de clamarem a mim; enquanto ainda estiverem falando de suas necessidades, responderei a suas orações!" (Isaías 65:24).

Mas como isso pode ser verdade? Há coisas sobre as quais temos orado há anos sem receber uma resposta. À medida que crescemos na intimidade com Deus, alinhando o nosso coração ao dele, podemos aprender a confiar em Seu tempo e cuidado. Podemos começar a desejar o que Deus deseja. Quando oramos, pedimos, entre outras coisas, o que faz parte do reino de Deus, conforme o que está descrito em Isaías 65: o fim para a tristeza (v.19), casas seguras, alimento e trabalho significativo para todas as pessoas (vv.21-23), paz no mundo natural (v.25). Quando o reino de

Deus vier em toda a sua plenitude, o Senhor responderá completamente essas orações.

MOMENTOS DE REFLEXÃO

Eu os atenderei antes mesmo de clamarem a mim; enquanto ainda estiverem falando de suas necessidades, responderei a suas orações! Isaías 65:24

Ele lhes enxugará dos olhos toda lágrima, e não haverá mais morte, nem tristeza, nem choro, nem dor. Todas essas coisas passaram para sempre […] "Vejam, faço novas todas as coisas!" Apocalipse 21:4-5

…Sou eu que respondo às suas orações e cuido de vocês. Sou como a árvore sempre verde; todos os seus frutos vêm de mim. Oseias 14:8

MOMENTOS DE RENOVAÇÃO

Pai, agradeço-te por sempre ouvires minhas orações. Eu confio que Tu me amas e ages para o bem daqueles a quem Tu chamaste. Por favor, transforma os meus desejos a ponto de eu desejar o que Tu desejas.

12

Agora eu vejo

João 14:15-27

Deborah Kendrick ama assistir aos musicais da *Broadway*, embora seja cega e sempre tenha dificuldades para compreender o cenário e os movimentos dos personagens no palco. Recentemente, porém, ela assistiu a uma peça que utilizava *D-Scriptive*: uma nova tecnologia que informa sobre os elementos visuais da produção do palco através de um pequeno receptor de FM. Uma narração gravada, sincronizada com as mesas de iluminação e de som do espetáculo, descreve o cenário e a ação à medida que esta se desenrola no palco. Escrevendo para um jornal, Deborah disse: "Se você me perguntar se eu vi um espetáculo semana passada em Nova Iorque, minha resposta é sim... eu genuína e inequivocamente afirmo que vi o espetáculo".

Sua experiência pode nos demonstrar uma brilhante ilustração do papel do Espírito Santo em nossa compreensão da Palavra de Deus. Pouco antes de ir para a cruz, Jesus disse aos Seus seguidores: "Mas quando o Pai enviar o Encorajador, o Espírito Santo, como meu representante, ele lhes ensinará todas as coisas e os fará lembrar tudo que eu lhes disse" (João 14:26).

Quando abrimos a Bíblia para ler ou estudar, o Espírito da Verdade está conosco para conduzir-nos "a toda a verdade" (16:13). Nós somos cegos, mas, por meio da orientação do Espírito Santo de Deus, podemos enxergar.

MOMENTOS DE REFLEXÃO

Mas quando o Pai enviar o Encorajador, o Espírito Santo, como meu representante, ele lhes ensinará todas as coisas e os fará lembrar tudo que eu lhes disse. João 14:26

Mas foi a nós que Deus revelou estas coisas por seu Espírito. Pois o Espírito sonda todas as coisas, até os segredos mais profundos de Deus. 1 Coríntios 2:10

Oro para que seu coração seja iluminado, a fim de que compreendam a esperança concedida àqueles que ele chamou e a rica e gloriosa herança que ele deu a seu povo santo. Efésios 1:18

MOMENTOS DE RENOVAÇÃO

Identifique uma palavra, frase ou versículo das Escrituras de hoje que capte a sua atenção, e pergunte a Deus sobre o convite dele para você nas entrelinhas da leitura de hoje.

13

Mova sua cerca

Isaías 43:18-21

O pároco do vilarejo não conseguia dormir. Em plena Segunda Guerra Mundial, ele disse a um grupo de soldados que eles não poderiam enterrar o companheiro deles dentro do cemitério próximo da igreja. Apenas os membros da paróquia poderiam ser sepultados ali. Então os soldados enterraram o companheiro do lado de fora do cemitério local.

Na manhã seguinte, os soldados não encontraram mais a sepultura. "O que houve? O túmulo desapareceu", disse um soldado ao reverendo. O soldado estava confuso, mas o pároco explicou: "Ainda está lá. Arrependi-me de ter dito 'não' e, ontem à noite mesmo, levantei-me e movi a cerca".

Deus também pode dar uma nova perspectiva para os desafios de nossa vida, se nós a buscarmos. Foi essa a mensagem do profeta Isaías ao povo oprimido de Israel. Em vez de olhar com saudades para o resgate no mar Vermelho, eles precisavam mudar sua perspectiva e ver Deus fazendo novos milagres, abrindo novos caminhos. "Esqueçam tudo isso", Deus os exortou. "Pois, estou prestes a realizar algo novo" (Isaías 43:18-19). Ele é a nossa fonte de esperança nas quando enfrentamos dúvidas e provações. "…Sim, farei rios na terra seca, para que meu povo escolhido se refresque…" (v.20).

Renovados por uma nova visão, nós também podemos ver a nova direção de Deus em nossa vida. Que possamos olhar com novos olhos para enxergar os Seus novos caminhos. Depois, com coragem, pisemos em novos solos seguindo-o corajosamente.

MOMENTOS DE REFLEXÃO

Pois estou prestes a realizar algo novo. Vejam, já comecei! Não percebem? Abrirei um caminho no meio do deserto, farei rios na terra seca. Isaías 43:19

Espero no Senhor, sim, espero nele; em sua palavra, depositei minha esperança. Salmo 130:5

Ó Israel, ponha sua esperança no Senhor; pois no Senhor há amor e transbordante redenção. Salmo 130:7

MOMENTOS DE RENOVAÇÃO

Peça ao Pai celestial para guiá-la em novos caminhos durante esse tempo. Agradeça pelas dádivas recebidas. Ouça a resposta amorosa que Ele lhe dará.

14

Não é possível fracassar

Neemias 6:1-9

"Não é possível fracassar!" Essas palavras foram ditas por Susan B. Anthony (1820-1906), conhecida por sua postura irredutível sobre os direitos das mulheres nos EUA. Apesar de críticas constantes e mais tarde a prisão, um julgamento e o veredito de culpada por votar ilegalmente, ela prometeu nunca desistir da luta para conquistar o direito de as mulheres votarem, acreditando que essa causa era justa. Embora não tenha vivido para ver o fruto de seu trabalho, sua luta foi vitoriosa. Em 1920, a 19.ª emenda à Constituição norte-americana concedeu às mulheres o direito de votar.

O fracasso também não foi opção para Neemias, até porque ele tinha um ajudante poderoso: Deus. Depois de pedir ao Senhor que Ele abençoasse a sua causa na reconstrução do muro de Jerusalém, Neemias e os que haviam voltado do exílio na Babilônia agiram para que isso acontecesse. O muro era necessário para manter o povo a salvo dos inimigos. Houve oposição à causa por meio de fraudes e ameaças, porém Neemias recusou-se a deixar os opositores dissuadi-lo e lhes informou: "Estou envolvido com uma obra muito importante" (Neemias 6:3). Ele orou e: "Assim, [continuou] o trabalho com determinação ainda maior" (v.9). Graças à perseverança, "o muro ficou pronto" (v.15).

Deus concedeu a Neemias a força para perseverar diante da oposição. Há alguma tarefa da qual você se sinta propensa a desistir? Peça a Deus para providenciar tudo o que você precisa para seguir em frente.

MOMENTOS DE REFLEXÃO

...Perceberam que a obra havia sido realizada com a ajuda de nosso Deus. Neemias 6:16

Como são felizes os que de ti recebem forças, os que decidem percorrer os teus caminhos. Quando passarem pelo vale do Choro, ele se transformará num lugar de fontes revigorantes; as primeiras chuvas o cobrirão de bênçãos. Eles continuarão a se fortalecer, e cada um deles se apresentará diante de Deus, em Sião. Salmo 84:5-7

[Deus] Dá forças aos cansados e vigor aos fracos. Isaías 40:29

MOMENTOS DE RENOVAÇÃO

Pai, preciso de Tua ajuda para continuar com o trabalho que me deste para fazer, não importa o custo.

15

Desenterre

Rute 1:3-5,20-21

Quando o irmão de Rebeca e a cunhada começaram a ter problemas matrimoniais, Rebeca orou fervorosamente pela reconciliação, mas o casal se divorciou. Sem nenhuma resistência do pai, a mãe levou as filhas para outro estado e Rebeca distanciou-se das suas amadas sobrinhas. Ela nunca mais viu as garotinhas que tanto amava. Anos depois, ela disse: "Por tentar lidar sozinha com essa tristeza, permiti que uma raiz de amargura crescesse em meu coração, e isso começou a espalhar-se aos familiares e amigos".

O livro de Rute fala sobre uma mulher chamada Noemi que teve dificuldades com o seu coração cheio de dor a ponto de fazer crescer uma raiz de amargura. Seu marido tinha morrido numa terra estrangeira; dez anos depois, seus dois filhos também morreram. Ela ficou desamparada com a companhia apenas de suas duas noras, Rute e Orfa (Rute 1:3-5). Rute e sua sogra voltaram para o país natal de Noemi e todos na cidade alegraram-se por vê-las. Mas Noemi lhes disse: "o Todo-poderoso tornou minha vida muito amarga [...] o Senhor me fez sofrer" (v.20). Ela até lhes pediu para que a chamassem de "Mara", que significa *amarga*.

Quem de nós nunca enfrentou decepções e inclinou-se ao sentimento de amargura? Ressentimo-nos quando alguém diz algo doloroso, uma expectativa é frustrada ou quando as exigências de terceiros nos deixam rancorosas? Quando reconhecemos isso em nós e diante de Deus, nosso afetuoso Jardineiro pode nos ajudar a desenterrar quaisquer raízes de amargura, estejam elas ainda pequenas ou crescendo há anos. Ele pode substituí-las por um espírito suave e alegre.

MOMENTOS DE REFLEXÃO

Tu conheces meus desejos, Senhor, e ouves cada um de meus suspiros. Salmo 38:9

O amor do SENHOR não tem fim! Suas misericórdias são inesgotáveis. Grande é sua fidelidade; suas misericórdias se renovam cada manhã. Lamentações 3:22-23

Livrem-se de toda amargura, raiva, ira, das palavras ásperas e da calúnia, e de todo tipo de maldade. Efésios 4:31

MOMENTOS DE RENOVAÇÃO

Converse com Jesus e descubra se há alguma atitude de amargura ou ressentimento enraizada em seu coração. Coloque essa revelação à luz da presença gentil e terna de Deus, ouvindo a voz do Senhor em relação a você.

16

Bem ao seu lado

Deuteronômio 4:5-8

Todos os dias, nos correios de Jerusalém, os funcionários vasculham pilhas de cartas não entregues, na tentativa de entregá-las aos destinatários. Muitas acabam na caixa chamada "Cartas a Deus".

Quase mil cartas desse tipo chegam a cada ano, endereçadas simplesmente a Deus ou Jesus. Intrigado sobre o que fazer com elas, um funcionário começou a levá-las ao Muro Ocidental de Jerusalém para colocá-las entre seus blocos de pedra com outras orações escritas. A maioria delas pede emprego, cônjuge ou boa saúde. Algumas pedem perdão e outras são de agradecimentos. Um homem pediu a Deus para sonhar com a esposa falecida, porque desejava vê-la de novo. Cada remetente acreditava que Deus ouviria, se a mensagem chegasse a Ele.

Os israelitas aprenderam muito ao viajarem pelo deserto. Uma lição era que o Deus deles não era como os deuses conhecidos na época: distantes, surdos, geograficamente vinculados, alcançados apenas em peregrinações ou cartas internacionais. Não, "o Senhor, nosso Deus, está próximo de nós sempre que o invocamos" (Deuteronômio 4:7). Quem poderia reivindicar isso? Essa era uma notícia revolucionária!

Deus não mora em Jerusalém. Ele está perto de nós, onde quer que estejamos. Alguns ainda precisam descobrir essa verdade radical. Ah, se pudéssemos responder a cada uma dessas cartas, o texto seria: "Deus está bem ao seu lado. Apenas fale com Ele".

MOMENTOS DE REFLEXÃO

...o Senhor, nosso Deus, está próximo de nós sempre que o invocamos..." Deuteronômio 4:7

Como pastor, ele alimentará seu rebanho; levará os cordeirinhos nos braços e os carregará junto ao coração; conduzirá ternamente as ovelhas com suas crias. Isaías 40:11

Pode a mãe se esquecer do filho que ainda mama? Pode deixar de sentir amor pelo filho que ela deu à luz? Mesmo que isso fosse possível, eu não me esqueceria de vocês! Isaías 49:15

MOMENTOS DE RENOVAÇÃO

Deus, Tu criaste o vasto Universo e ainda assim estás mais perto do que um suspiro. Sou grata por seres tão atencioso comigo e por ouvires todas as minhas orações.

17

O irmão mais velho

Lucas 15:11-13,17-24

O autor Henri Nouwen relembra a sua visita a um museu em São Petersburgo na Rússia, local onde ele passou horas refletindo sobre o retrato do filho pródigo feito por Rembrandt. No decorrer do dia, as mudanças na iluminação natural deixaram Nouwen com a impressão de que ele via tantas pinturas diferentes quanto as nuances de luz. Cada alteração parecia revelar algo mais sobre o amor de um pai por seu filho quebrantado.

Nouwen descreve como, por volta das 16 horas, três figuras da pintura pareciam "saltar da tela". Uma delas era o filho mais velho, que se ressentia da disposição de seu pai em lançar o tapete vermelho para o retorno de seu irmão mais novo, o pródigo. Afinal, ele não tinha desperdiçado parte da fortuna da família, causando-lhes dor e constrangimento no processo (Lucas 15:28-30)?

As outras duas figuras o lembraram dos líderes religiosos que estavam presentes quando Jesus contou a Sua parábola. Eles eram os que murmuravam na retaguarda sobre os pecadores que Jesus estava atraindo (vv.1-2).

Nouwen se viu em todos eles, na vida desperdiçada do filho mais novo, na atitude de condenação do irmão mais velho e dos líderes religiosos, e no coração do Pai que é grande o suficiente para qualquer um e para todos.

E nós? Podemos nos ver refletidos em algum detalhe na pintura de Rembrandt? De alguma forma, toda história que Jesus contou é sobre nós.

MOMENTOS DE REFLEXÃO

Então voltou para a casa de seu pai. Quando ele ainda estava longe, seu pai o viu. Cheio de compaixão, correu para o filho, o abraçou e o beijou. Lucas 15:20

O pai, no entanto, disse aos servos: "[...]. Matem o novilho gordo. Faremos um banquete e celebraremos, pois este meu filho estava morto e voltou à vida. Estava perdido e foi achado!". E começaram a festejar. Lucas 15:22-24

O irmão mais velho se irou e não quis entrar. O pai saiu e insistiu com o filho... Lucas 15:28

MOMENTOS DE RENOVAÇÃO

Identifique o personagem da história do filho pródigo com quem você se identifica e converse com Deus sobre isso. Qual é a resposta de Deus a você?

18

Fale, confie, sinta

Romanos 8:14-21

"'Não fale, não confie, não sinta' era a lei pela qual vivíamos e ai daquele que a quebrasse", diz o teólogo Frederick Buechner em seu livro de memórias *Telling Secrets* (Contando Segredos, inédito). O autor descreve a sua experiência do que ele chama de a "lei não escrita de famílias que, por um motivo ou outro, enlouqueceram". Em sua família, essa "lei" significava que ele não podia falar ou lamentar o suicídio de seu pai, deixando-o sem alguém a quem pudesse confiar sua dor.

Você se identifica? De uma maneira ou outra, com frequência aprendemos a viver com uma versão distorcida do amor, distorção que exige desonestidade ou silêncio sobre o que nos feriu. Esse tipo de "amor" depende do medo para controlar, e é um tipo de escravidão.

Não podemos esquecer como é diferente o convite de amor de Jesus do tipo de amor condicional que muitas vezes experimentamos (um tipo 8de amor que sempre receamos perder). Como Paulo explica, por meio do amor de Cristo finalmente entendemos o significado de não sermos "escravos medrosos" (Romanos 8:15) e começarmos a compreender o tipo de liberdade gloriosa (v.21) que é possível quando sabemos que somos profunda, verdadeira e incondicionalmente amadas. Somos livres para falar, para confiar e para sentir mais uma vez, para aprendermos o que significa viver sem medo.

MOMENTOS DE REFLEXÃO

Esse amor não tem medo, pois o perfeito amor afasta todo medo... 1 João 4:18

"Pois, ainda que os montes se movam e as colinas desapareçam, meu amor por você permanecerá. A aliança de minha bênção jamais será quebrada", diz o Senhor, que tem compaixão de você. Isaías 54:10

Pois vocês não receberam um espírito que os torne, de novo, escravos medrosos, mas sim o Espírito de Deus, que os adotou como seus próprios filhos. Romanos 8:15

MOMENTOS DE RENOVAÇÃO

Pai, cura meu coração e ajuda-me a acreditar e viver pela liberdade que o Teu amor torna possível.

19

Aprendizado alegre

Romanos 12:1-3

Na cidade de Mysore, Índia, foi construída uma escola utilizando-se de dois vagões de trens reformados e conectados. Os educadores locais se uniram à empresa ferroviária para comprar e remodelar os vagões descartados. Cada um era apenas uma imensa caixa de metal; eram inúteis até que os operários instalaram escadas, ventiladores, luzes e carteiras. Eles também pintaram as paredes e adicionaram murais coloridos por dentro e por fora. Hoje, 60 alunos assistem as aulas nesse local por causa dessa incrível transformação.

Algo ainda mais surpreendente ocorre quando seguimos a ordem do apóstolo Paulo de sermos transformados "por meio de uma mudança em [nosso] modo de pensar" (Romanos 12:2). À medida que permitimos que o Espírito Santo nos separe do mundo e seus caminhos, nossos pensamentos e atitudes começam a mudar. Tornamo-nos mais amorosos, mais esperançosos e plenos de "vida e paz" interior (8:6).

Acontece algo mais também. Embora este processo de transformação seja contínuo e tenha com frequência mais paradas e recomeços do que uma viagem de trem, isso nos ajuda a entender o que Deus deseja para a nossa vida. Faz-nos conhecer a vontade de Deus (12:2). Aprender sobre Sua vontade pode ou não envolver detalhes, mas sempre envolve o nosso alinhamento com o Seu caráter e Sua obra no mundo.

Nali Kali, o nome da escola na Índia, significa "aprendizado alegre". Como o poder transformador de Deus pode conduzi-lo ao aprendizado alegre de Sua vontade?

MOMENTOS DE REFLEXÃO

Não imitem o comportamento e os costumes deste mundo, mas deixem que Deus os transforme por meio de uma mudança em seu modo de pensar, a fim de que experimentem a boa, agradável e perfeita vontade de Deus para vocês. Romanos 12:2

Portanto, permitir que a natureza humana controle a mente resulta em morte, mas permitir que o Espírito controle a mente resulta em vida e paz. Romanos 8:6

Agora nós mesmos somos como vasos frágeis de barro que contêm esse grande tesouro. Assim, fica evidente que esse grande poder vem de Deus, e não de nós. 2 Coríntios 4:7

MOMENTOS DE RENOVAÇÃO

Pai, peço-te que transformes e renoves a minha mente hoje. Sou grata por tudo que é possível quando me rendo a ti.

20

Surpreendida pela graça

Atos 9:1-19

Certa mulher adormeceu no sofá após seu marido ter ido para a cama. Um intruso entrou na casa pela porta que o casal havia esquecido de fechar. Ele foi ao quarto onde o marido estava dormindo e pegou o televisor. O homem adormecido acordou, viu uma figura em pé e sussurrou: "Querida, venha para a cama". O ladrão entrou em pânico, deixou a TV, pegou uma pilha de dinheiro na cômoda e correu para fora.

O ladrão teria uma grande surpresa! Aqueles papéis eram panfletos cristãos parecidos com notas de 100 da moeda corrente em um lado e, no verso, uma explicação sobre o amor e o perdão que Deus concede às pessoas que não conhecem Cristo. Em vez do dinheiro que esperava, o intruso recebeu a história do amor de Deus por ele.

Fico imaginando: o que Saulo esperava ao perceber que era Jesus que lhe apareceu no caminho para Damasco, uma vez que ele havia perseguido e até matado os Seus seguidores? (Atos 9:1-9)? Saulo, mais tarde chamado Paulo, deve ter sido surpreendido pela graça de Deus para com ele, a qual chamou "o privilégio": "Pela graça e pelo grande poder de Deus, recebi o privilégio de servir anunciando essas boas--novas" (Efésios 3:7).

Você já foi surpreendida "pela graça e pelo grande poder de Deus" em sua vida à medida que Ele lhe mostra o Seu amor e perdão?

MOMENTOS DE REFLEXÃO

Ananias foi e encontrou Saulo. Ao impor as mãos sobre ele, disse: "Irmão Saulo, o Senhor Jesus, que lhe apareceu no caminho para cá, me enviou para que você volte a enxergar e fique cheio do Espírito Santo". No mesmo instante, algo semelhante a escamas caiu dos olhos de Saulo, e sua visão foi restaurada. Então ele se levantou, foi batizado... Atos 9:17-18

Vocês são salvos pela graça, por meio da fé. Isso não vem de vocês; é uma dádiva de Deus. Efésios 2:8

Louvado seja o S<small>ENHOR</small>! Deem graças ao S<small>ENHOR</small> porque ele é bom; seu amor dura para sempre! Salmo 106:1

MOMENTOS DE RENOVAÇÃO

Jesus, sou grata pelo presente da graça: um presente que custou te custou tudo tão somente para que eu pudesse ter vida.

21

O privilégio da oração

1 Crônicas 29:11-19

A canção country *Daddy doesn't pray anymore* (papai não ora mais), de Chris Stapleton, inspirou-se nas orações de seu pai por ele. As palavras comoventes revelam o porquê de as orações paternas terem terminado; não por desilusão ou cansaço, mas pela morte do pai. Stapleton imagina que agora, em vez de falar com Jesus em oração, seu pai anda e conversa com Ele face a face.

Assim como as orações do pai de Stapleton influenciaram sua vida, lemos na Bíblia que o mesmo aconteceu com a oração de outro pai por seu filho. Ao aproximar-se o fim da sua vida, Davi fez os preparativos para que o seu filho Salomão fosse o próximo rei de Israel.

Depois de reunir a nação para ungir Salomão, Davi liderou o povo em oração, como havia feito tantas vezes antes. Relembrando a fidelidade de Deus a Israel, Davi orou para que o povo permanecesse leal ao Senhor. Na sequência, incluiu uma oração pessoal especificamente por seu filho, pedindo a Deus: "Dá a meu filho Salomão o desejo sincero de obedecer a todos os teus mandamentos, preceitos e decretos" (1 Crônicas 29:19).

Nós também temos o privilégio de orar pelas pessoas que Deus colocou em nossa vida. Nosso exemplo de fidelidade pode causar um impacto indelével que permanecerá mesmo após nós partirmos. Assim como Deus continuou a responder às orações de Davi por Salomão e Israel depois que o rei se foi, da mesma forma o impacto de nossas orações perdura após partirmos.

MOMENTOS DE REFLEXÃO

"Ó Senhor, a ti pertencem a grandeza, o poder, a glória, a vitória e a majestade. Tudo que há nos céus e na terra é teu, ó Senhor, e este é teu reino. Tu estás acima de tudo. Riqueza e honra vêm somente de ti, pois tu governas sobre tudo. Poder e força estão em tuas mãos, e cabe a ti exaltar e dar força. Ó nosso Deus, damos graças e louvamos teu nome glorioso!" 1 Crônicas 29:11-13

Orem no Espírito em todos os momentos e ocasiões. Permaneçam atentos e sejam persistentes em suas orações por todo o povo santo. Efésios 6:18

Nunca deixem de orar. 1 Tessalonicenses 5:17

MOMENTOS DE RENOVAÇÃO

Pai, eu trago meus entes queridos diante de ti e peço que Tu cumpras os Teus planos na vida deles.

22

O toque do Artífice

Êxodo 31:1-5

Qual o segredo do som maravilhoso dos mundialmente famosos pianos Steinway? O toque do artesão. O cuidado é meticuloso desde a sua criação: do corte de árvores até o piano aparecer em exposição, o instrumento musical passa por ajustes incontáveis e delicados por mais de duzentos artesãos qualificados. Quando o processo de um ano é concluído, músicos talentosos tocam estes pianos e frequentemente comentam sobre como os mesmos tons vibrantes nunca poderiam ser produzidos por uma linha de montagem.

Quando o tabernáculo foi construído, vemos que Deus também valorizou o toque do artesão. Ele escolheu o artesão Bezalel e disse a seu respeito: "Enchi-o do Espírito de Deus e lhe dei grande sabedoria, habilidade e perícia para trabalhos artísticos de todo tipo. Ele é exímio artesão, perito no trabalho com ouro, prata e bronze. Tem aptidão para gravar e encravar pedras preciosas e entalhar madeira. É mestre em todo trabalho artístico" (Êxodo 31:3-5).

Hoje Deus habita no coração dos que creem nele. No entanto, o apelo ao trabalho artesanal não terminou. Agora, cada cristão individualmente é a "obra-prima" de Deus (Efésios 2:10). O Mestre Artesão é o Espírito Santo, que remove as falhas de nosso caráter para tornar cada um de nós semelhante a Jesus (Romanos 8:28-29). E à medida que nós nos entregamos à Sua obra, descobriremos que o segredo do produto final é o toque do artesão.

MOMENTOS DE REFLEXÃO

Enchi-o [Bezalel] do Espírito de Deus e lhe dei grande sabedoria, habilidade e perícia para trabalhos artísticos de todo tipo. Ele é exímio artesão, perito no trabalho com ouro, prata e bronze. Tem aptidão para gravar e encravar pedras preciosas e entalhar madeira. É mestre em todo trabalho artístico. Êxodo 31:3-5

Pois somos obra-prima de Deus, criados em Cristo Jesus a fim de realizar as boas obras que ele de antemão planejou para nós. Efésios 2:10

Tu formaste o meu interior e me teceste no ventre de minha mãe. Eu te agradeço por me teres feito de modo tão extraordinário; tuas obras são maravilhosas, e disso eu sei muito bem. Salmo 139:13-14

MOMENTOS DE RENOVAÇÃO

Pergunte ao Espírito Santo quais aspectos da personalidade, caráter e natureza de Deus Ele entalhou exclusivamente em você, enquanto o louva por ter sido feita de um modo incrível e maravilhoso.

23

Amparo nas tempestades

Salmo 107:1-3,23-32

Durante a primeira viagem do missionário escocês Alexander Duff à Índia, em 1830, ele naufragou durante uma tempestade na costa da África do Sul. Duff e seus companheiros foram parar numa ilha pequena e desolada. Tempos depois, um dos tripulantes encontrou uma cópia da Bíblia que pertencia a Duff à beira da praia. Quando o livro secou, Duff leu o Salmo 107 para seus companheiros sobreviventes, e eles se sentiram encorajados. Finalmente, após um resgate e mais um naufrágio, o missionário chegou à Índia.

O Salmo 107 relata a maneira como Deus libertou os israelitas. Duff e seus companheiros, sem dúvida, se identificaram e receberam conforto por meio das palavras do salmista: "Acalmou a tempestade e aquietou as ondas. A calmaria os alegrou, e ele os levou ao porto em segurança" (vv.29-30). E, como os israelitas, eles também louvaram "o Senhor por sua bondade e pelas maravilhas que fez pela humanidade" (v.31).

Vemos um paralelo do Salmo 107:28-30 no Novo Testamento (Mateus 8:23-27; Marcos 4:35-41). Jesus e Seus discípulos estavam num barco, no mar, quando uma violenta tempestade começou. Seus discípulos gritavam amedrontados, e Jesus — Deus encarnado — acalmou o mar. Nós também podemos ter coragem! Nosso poderoso Deus e

Salvador ouve e responde aos nossos clamores e nos conforta quando enfrentamos tempestades.

MOMENTOS DE REFLEXÃO

Acalmou a tempestade e aquietou as ondas. Salmo 107:29

Logo uma forte tempestade se levantou. As ondas arrebentavam sobre o barco, que começou a encher-se de água. […] Jesus despertou, repreendeu o vento e disse ao mar: "Silêncio! Aquiete-se!". De repente, o vento parou, e houve grande calmaria. Marcos 4:37, 39

"Aquietem-se e saibam que eu sou Deus!" Salmo 46:10

MOMENTOS DE RENOVAÇÃO

Pai, sou grata por não me deixares enfrentar as tempestades sozinha. Eu preciso de ti!

24

Nosso Deus compassivo

Salmo 138

Era uma gelada noite de inverno quando alguém jogou uma enorme pedra em direção à janela do quarto de uma criança judia. Aquela janela exibia uma estrela de Davi, e o Menorá para celebrar Chanucá, o Festival Judaico das Luzes. Na cidade de Billings, Montana, EUA, milhares de pessoas, muitas delas cristãs, responderam a esse ato odioso demonstrando compaixão. Optando por se identificar com a dor e o medo de seus vizinhos judeus, elas colaram fotos do castiçal de menorá em suas próprias janelas.

Como seguidores de Jesus, também somos alvo de grande compaixão. Nosso Salvador se humilhou para viver entre nós (João 1:14), identificando-se conosco. Por nós, Ele "Embora sendo Deus [...] assumiu a posição de escravo" (Filipenses 2:6-7). E depois, sentindo como nos sentimos e chorando como choramos, Ele morreu numa cruz sacrificando Sua vida para salvar a nossa.

Nada com o que lutamos está além da preocupação do nosso Salvador. Se alguém "joga pedras" em nossa vida, Ele nos conforta. Se a vida traz decepções, Ele caminha conosco em meio ao desespero. "Mesmo nas alturas, o Senhor cuida dos humildes, mas mantém distância dos orgulhosos" (Salmo 138:6). Em nossos problemas, Ele nos preserva, estendendo Sua mão contra a "ira de [nossos] inimigos" (v.7) e alcançando os nossos medos mais profundos. Obrigada, Pai, por Teu amor cheio de compaixão.

MOMENTOS DE REFLEXÃO

Mesmo nas alturas, o S<small>ENHOR</small> cuida dos humildes, mas mantém distância dos orgulhosos. Salmo 138:6

Assim, a Palavra se tornou ser humano, carne e osso, e habitou entre nós. Ele era cheio de graça e verdade. E vimos sua glória, a glória do Filho único do Pai. João 1:14

[Jesus] Embora sendo Deus, não considerou que ser igual a Deus fosse algo a que devesse se apegar. Em vez disso, esvaziou a si mesmo; assumiu a posição de escravo e nasceu como ser humano. Filipenses 2:6-7

MOMENTOS DE RENOVAÇÃO

Pai, sou grata por Teu amor compassivo e imutável e por Tua proximidade quando estou sozinha, desiludida ou amedrontada.

25

O resgate divino

Êxodo 3:7-10

Ao atender uma chamada de emergência, o policial foi iluminando os trilhos do trem até avistar um carro atravessado na linha de ferro. A câmara do painel de bordo do policial capturou o cenário assustador quando o comboio se aproximava. "Vinha muito rápido", disse o oficial. Sem hesitar, ele puxou um homem inconsciente do carro, poucos segundos antes de o comboio passar e destruir o carro.

As Escrituras revelam Deus como Aquele que salva, muitas vezes precisamente quando tudo parece estar perdido. Cativos no Egito e sob sufocante opressão, os israelitas não imaginavam qualquer possibilidade de fuga. No entanto, Deus lhes ofereceu palavras repletas de esperança: "Então o Senhor lhe disse: [...] tenho visto a opressão do meu povo no Egito. Tenho ouvido seu clamor [...]. Sei bem quanto eles têm sofrido" (Êxodo 3:7). E Deus não só viu, Ele agiu: "...desci para libertá-los" (v.8). Deus conduziu Israel para fora da escravidão.

O resgate de Israel por Deus revela a Sua essência e o Seu poder para ajudar a todos nós que enfrentamos necessidades. Ele cuida daqueles que em nosso meio estão destinados à ruína, a não ser que Deus venha os salvar. Embora a nossa situação possa ser terrível ou impossível, podemos levantar os nossos olhos e o coração e estar atentos Àquele que ama o resgate.

MOMENTOS DE REFLEXÃO

O povo de Israel tinha vivido 430 anos no Egito. Êxodo 12:40

Então o Senhor lhe disse: "Por certo, tenho visto a opressão do meu povo no Egito. Tenho ouvido seu clamor por causa de seus capatazes. Sei bem quanto eles têm sofrido. Por isso, desci para libertá-los…" Êxodo 3:7-8

O próprio Senhor lutará por vocês. Fiquem calmos! Êxodo 14:14

MOMENTOS DE RENOVAÇÃO

Apresente a Deus uma situação, seja em sua vida ou de outra pessoa, que é tão desesperadora que parece intransponível. Clame pela ajuda do Senhor. Como Ele responde?

26

Planos interrompidos

Atos 16:6-10

Os planos de ser fonoaudióloga terminaram quando um estágio revelou que o trabalho era emocionalmente desafiador demais para Jane. Depois disso, ela teve a oportunidade de escrever para uma revista. Ela jamais se vira como autora, mas, anos depois, defendia as famílias necessitadas com seus textos. Olhando para trás, diz: "Posso ver o porquê de Deus ter mudado os meus planos, Ele tinha algo maior para mim".

A Bíblia relata várias histórias sobre muitos planos interrompidos. Na sua segunda viagem missionária, Paulo quis levar o evangelho à Bitínia, mas o Espírito de Jesus o impediu (Atos 16:6-7). Isso deve ter parecido confuso. Por que Jesus atrapalharia os planos que estavam de acordo com a missão dada por Deus? Certa noite, a resposta lhe veio em sonho: a Macedônia precisava dele ainda mais. Lá, Paulo plantaria a primeira igreja na Europa. Salomão também observou: "É da natureza humana fazer planos, mas o propósito do SENHOR prevalecerá" (Provérbios 19:21).

É sensato fazer planos. Um conhecido ditado popular diz: "Se não planejar, o plano falhará". Mas os planos de Deus podem interromper os nossos. Nosso desafio é ouvir e obedecer, sabendo que podemos confiar em Deus. Se nós nos submetermos à Sua vontade, descobriremos que nos adequamos ao Seu propósito para a nossa vida.

À medida que continuamos a fazer planos, podemos experimentar uma reviravolta: planeje ouvir. Ouça os planos de Deus.

MOMENTOS DE REFLEXÃO

*É da natureza humana fazer planos, mas o propósito do S*ENHOR *prevalecerá.* Provérbios 19:21

…o Espírito Santo os impediu de pregar a palavra na província da Ásia. Então, chegando à fronteira da Mísia, tentaram ir para o norte, em direção à Bitínia, mas o Espírito de Jesus não permitiu. Atos 16:6-7

*O S*ENHOR *diz: "Eu o guiarei pelo melhor caminho para sua vida…"* Salmo 32:8

MOMENTOS DE RENOVAÇÃO

Pai, concede-me fé para ouvir-te quando meus planos são interrompidos, sabendo que Tu tens um propósito maior para minha vida.

27

Percepção vinda do Espírito

João 16:12-15

Ao escavar na areia do deserto, reforçando as defesas do acampamento de seu exército, o soldado francês não tinha ideia de que faria uma grande descoberta. Movendo outra pá de areia, viu uma pedra. Não era uma pedra qualquer: era a Pedra de Roseta, contendo as leis e a governança do rei Ptolomeu V e escritas em três idiomas. Essa placa (hoje no Museu Britânico) seria um dos achados arqueológicos mais importantes do século 19, ajudando a desvendar os mistérios da antiga escrita egípcia, os hieróglifos.

Para muitos de nós, grande parte das Escrituras também está envolvida em profundo mistério. No entanto, na noite antes da crucificação, Jesus prometeu aos Seus seguidores o Espírito Santo. Ele lhes disse: "Quando vier o Espírito da verdade, ele os conduzirá a toda a verdade. Não falará por si mesmo, mas lhes dirá o que ouviu e lhes anunciará o que ainda está para acontecer" (João 16:13). O Espírito Santo é, de certo modo, nossa Pedra de Roseta divina, lançando luz sobre a verdade, incluindo as verdades por detrás dos mistérios da Bíblia.

Embora não nos seja prometido um entendimento total de tudo o que a Bíblia nos ensina, podemos confiar que, pelo Espírito, compreendemos tudo o que é necessário para seguirmos a Jesus. Ele nos guiará nessas verdades fundamentais.

MOMENTOS DE REFLEXÃO

Quando vier o Espírito da verdade, ele os conduzirá a toda a verdade. João 16:13

Pois a palavra de Deus é viva e poderosa. É mais cortante que qualquer espada de dois gumes, penetrando entre a alma e o espírito, entre a junta e a medula, e trazendo à luz até os pensamentos e desejos mais íntimos. Hebreus 4:12

Ensina-me os teus caminhos, Senhor, para que eu viva segundo a tua verdade. Concede-me pureza de coração, para que eu honre o teu nome. Salmo 86:11

MOMENTOS DE RENOVAÇÃO

Fale com Deus sobre uma passagem da Bíblia que a incomoda ou a confunde, e peça ao Espírito Santo para orientá-la a compreender melhor tal passagem.

28

Águas abundantes

Êxodo 17:1-7

Um relatório australiano descreveu "uma história sombria" de seca, calor e incêndios extremos. O relatório descrevia que o ano tinha sido horrível com chuvas esparsas transformando os arbustos ressequidos em pavios. Incêndios violentos devastaram o campo, os peixes morreram e as colheitas cessaram. Tudo aconteceu porque lhes faltava um recurso simples que geralmente consideramos como algo natural — a água, que precisamos para viver.

Israel sofreu igual dilema. Quando eles acamparam no deserto empoeirado e árido, lemos que "não havia água para beberem" (Êxodo 17:1). As pessoas estavam com medo. Suas gargantas estavam secas. A areia escaldava. Seus filhos estavam sedentos. Aterrorizado, o povo "se queixou de Moisés", exigindo água (v.2). Mas o que Moisés poderia fazer? Apenas buscar a Deus.

E Deus deu instruções estranhas a Moisés: "...chame alguns dos líderes [...] Bata na rocha e dela jorrará água que o povo poderá beber" (vv.5-6). Assim, Moisés o fez e dela jorrou uma corrente de água, o suficiente para o povo e seu gado. Naquele dia, Israel reconheceu que o seu Deus os amava. Reconheceu que Deus lhes concedia água em abundância.

Se você estiver passando por uma seca ou deserto na vida, saiba que Deus está ciente disso e Ele está com você. Seja qual for a sua necessidade, ou o que estiver lhe faltando, você pode encontrar esperança e renovo em Suas águas abundantes.

MOMENTOS DE REFLEXÃO

Como a corça anseia pelas correntes de água, assim minha alma anseia por ti, ó Deus. Tenho sede de Deus, do Deus vivo; quando poderei estar na presença dele? Salmo 42:1-2

Partiu uma rocha, e jorrou água, que correu como um rio pelo deserto. Salmo 105:41

Ó Deus, tu és meu Deus; eu te busco de todo o coração. Minha alma tem sede de ti; todo o meu corpo anseia por ti nesta terra seca, exausta e sem água. Salmo 63:1

MOMENTOS DE RENOVAÇÃO

Se você estiver passando por um momento difícil, converse com Deus sobre isso, expressando honestamente como você se sente. Ouça o que Ele tem a dizer ao seu coração.

29

Conhecendo o Pai

João 14:8-11

Segundo a lenda, o maestro britânico Thomas Beecham viu certa vez uma mulher de aparência distinta no saguão de um hotel. Acreditando que a conhecia, mas incapaz de lembrar-se do seu nome, ele parou para lhe falar. Enquanto os dois conversavam, ele se lembrou vagamente de que ela tinha um irmão. Esperando por uma pista, ele perguntou como o irmão dela estava e se ele ainda trabalhava no mesmo emprego. "Ó, ele está muito bem", disse ela, "e ainda é rei".

Um caso de identidade trocada pode ser embaraçoso, como foi para o Sr. Beecham. Mas em outras ocasiões, pode ser mais sério, como foi para o discípulo de Jesus, Filipe. O discípulo conhecia Jesus, é claro, mas ele não tinha valorizado totalmente quem o Senhor era. E pediu a Jesus: "mostre-nos o Pai", e Jesus respondeu: "Quem me vê, vê o Pai!" (João 14:8-9). Como Filho único de Deus, Cristo revela o Pai tão perfeitamente que conhecer um é conhecer o outro (vv.10-11).

Se alguma vez questionarmos sobre como Deus é em Seu caráter, personalidade ou preocupação com os outros, só precisamos olhar para Jesus para descobrir. O caráter, a bondade, o amor e a misericórdia de Jesus revelam o caráter de Deus. E, embora nosso maravilhoso Deus esteja além de nossa completa compreensão e entendimento, temos uma grande dádiva no que Ele revelou de si mesmo em Jesus.

MOMENTOS DE REFLEXÃO

Jesus respondeu: "Filipe, estive com vocês todo esse tempo e você ainda não sabe quem eu sou? Quem me vê, vê o Pai!" João 14:9

O Filho é a imagem do Deus invisível e é supremo sobre toda a criação. Pois, por meio dele, todas as coisas foram criadas, tanto nos céus como na terra, todas as coisas que podemos ver e as que não podemos, como os tronos, reinos, governantes e as autoridades do mundo invisível. Tudo foi criado por meio dele e para ele. Colossenses 1:15-16

Honra e glória a Deus para todo o sempre! Ele é o Rei eterno, invisível e imortal; ele é o único Deus. Amém. 1 Timóteo 1:17

MOMENTOS DE RENOVAÇÃO

Pai, obrigada por revelares quem Tu és (Tua personalidade, Teu caráter e Teu amor sem limites) por meio de Teu Filho, Jesus.

30

A disciplina da espera

Salmo 40:1-3

Esperar é difícil. Esperamos nas filas de mercados, no trânsito, no consultório do médico. Brincamos com os dedos, controlamos os bocejos e nos inquietamos interiormente devido à frustração. Em outra situação, esperamos por uma carta que não vem, pelo retorno de um filho pródigo, ou pela transformação de um cônjuge. Esperamos por uma criança que possamos segurar em nossos braços. Esperamos pelo desejo de nosso coração.

No Salmo 40, Davi diz: "Esperei com paciência pelo Senhor" (Salmo 40:1). No idioma original transparece a ideia de que que Davi "esperou, esperou e esperou" para que Deus respondesse sua oração. Entretanto, ao olhar para trás, para este momento de demora, ele louva a Deus. Na sequência, Davi diz que Deus pôs em seus lábios "um novo cântico para entoar, um hino de louvor" (40:3).

"Que capítulo pode ser escrito sobre a demora de Deus!", disse F. B. Meyer. "É o mistério de educar espíritos humanos na índole mais refinada que são capazes de ter". Por meio da disciplina da espera, podemos desenvolver as virtudes mais aquietadoras — submissão, humildade, paciência, alegre perseverança, persistência — virtudes que requerem mais tempo para se aprender.

O que fazer quando Deus parece não atender o desejo do nosso coração? Ele é capaz de nos ajudar a amá-lo e confiar nele o suficiente para aceitar a demora com alegria vendo-o como uma oportunidade de desenvolver o caráter e louvá-lo.

MOMENTOS DE REFLEXÃO

> *Esperei com paciência pelo Senhor; ele se voltou para mim e ouviu meu clamor.* Salmo 40:1

> *E a perseverança produz caráter aprovado, e o caráter aprovado fortalece nossa esperança, e essa esperança não nos decepcionará, pois sabemos quanto Deus nos ama, uma vez que ele nos deu o Espírito Santo para nos encher o coração com seu amor.* Romanos 5:4-5

> *Ainda assim, confio que verei a bondade do Senhor enquanto estiver aqui, na terra dos vivos. Espere pelo Senhor e seja valente e corajoso; sim, espere pelo Senhor.* Salmo 27:13-14

MOMENTOS DE RENOVAÇÃO

Se você estiver esperando que Deus aja, converse honestamente com o Senhor. Ouça a resposta amorosa dele.

31

Suplicando a Deus

Daniel 9:1-5,17-19

Certa manhã, o tempo de oração de uma família terminou com um comunicado surpreendente. Assim que o pai disse: "Amém", Ana de 5 anos falou: "Orei pelo Lucas, porque ele estava com os olhos abertos durante a oração".

Tenho certeza de que orar pelo irmão de 10 anos que orou com os olhos abertos não é o que as Escrituras ensinam quando nos convoca a praticar a oração intercessória, mas, pelo menos, Ana percebeu que podemos orar uns pelos outros.

O autor e professor de ensino bíblico, Oswald Chambers, enfatizou a importância de orarmos uns pelos outros. Ele disse: "intercessão é colocar-se no lugar de Deus; é buscar ter a Sua mente e perspectiva". É orar pelos outros à luz do que sabemos sobre Deus e do Seu amor por nós.

Encontramos um grande exemplo de oração intercessória em Daniel 9. O profeta compreendeu a promessa inquietante de Deus de que os judeus enfrentariam 70 anos de cativeiro na Babilônia (Jeremias 25:11-12; 29:10). Reconhecendo que aqueles anos se aproximavam do seu fim, Daniel orou com insistência. Ao orar por Seu povo, ele reconheceu os mandamentos de Deus (Daniel 9:4-6), humilhou-se (v.8), honrou o caráter de Deus (v.9), confessou pecados (v.15) e confiou na misericórdia do Senhor à medida que olhava por Seu povo (v.18). Daniel obteve uma resposta imediata de Deus (v.21).

Nem toda oração recebe resposta tão dramática, mas encoraje-se por podermos buscar a Deus em nome de outros com atitude de confiança e dependência nele.

MOMENTOS DE REFLEXÃO

Assim diz o Senhor: "Vocês ficarão na Babilônia durante setenta anos. Depois disso, eu virei e cumprirei todas as boas promessas que lhes fiz e os trarei de volta para casa." Jeremias 29:10

…eu, Daniel, ao estudar a palavra do Senhor […] compreendi […]. Então me voltei para o Senhor Deus e supliquei a ele com oração e jejum. Também vesti pano de saco e coloquei cinzas sobre a cabeça. Daniel 9:2-3

Enquanto eu orava, Gabriel, que eu tinha visto na visão anterior, veio a mim depressa… Daniel 9:21

MOMENTOS DE RENOVAÇÃO

Pai, peço por Tua misericórdia por mim e por aqueles que amo. Conduze-nos por caminhos justos, santos e agradáveis a ti.

32

Cheios de Espírito Santo

Lucas 1:35-41

Das três Pessoas da Trindade, o Espírito Santo costuma ser o menos compreendido ou discutido, talvez em parte por causa do papel humilde e oculto que Ele desempenha na orquestração dos planos e propósitos de Deus em nossa vida.

É por isso que estamos sendo alertados para prestar atenção às obras de "Deus frequentemente esquecido" quando Lucas menciona o Espírito Santo sete vezes nos dois primeiros capítulos de seu evangelho. O Espírito Santo está ativo na vida de João Batista "antes mesmo de nascer" (1:15), Maria (1:35), Isabel (1:41), Zacarias (1:67) e Simeão (2:25-27). Aqui, no que costumamos chamar de "história do Natal", o Espírito Santo é identificado como Aquele que orientou Simeão, abençoou Zacarias e Isabel com a concepção e gerou o bebê no ventre de Maria.

Nós, como eles, reconhecemos a voz do Espírito no meio de todas as outras? Estamos atentos aos Seus sussurros e prontos para ouvi-lo e seguir Seus caminhos? Permitiremos que o Seu calor e amor preencham o nosso coração e fluam por nossas mãos? Hoje, podemos estar despertos para aquele que está vivo e ativo: o verdadeiro e eterno Espírito de Cristo em nosso interior.

MOMENTOS DE REFLEXÃO

Pois ele será grande aos olhos do Senhor. [...] Será cheio do Espírito Santo, antes mesmo de nascer. Lucas 1:15

O anjo respondeu: "O Espírito Santo virá sobre você [Maria], e o poder do Altíssimo a cobrirá com sua sombra... Lucas 1:35

Ao ouvir a saudação de Maria, o bebê de Isabel se agitou dentro dela, e Isabel ficou cheia do Espírito Santo. Lucas 1:41

MOMENTOS DE RENOVAÇÃO

Pai, desperta-me cada vez mais para a liderança e orientação do Espírito de Cristo vivo e agindo em mim.

33

Hotel Corona

2 Coríntios 5:14-20

Em 2020, o Dan Hotel, em Israel, ficou conhecido por um nome diferente: "Hotel Corona". O governo local usou o hotel para recepcionar os pacientes em recuperação da COVID-19 e este tornou-se conhecido como um local de alegria e união durante um momento difícil. Como as pessoas já estavam infectadas, estavam livres para cantar, dançar e rir juntos. Assim o fizeram! Em um país onde as tensões entre grupos políticos e religiosos são altas, a crise em comum criou um lugar onde as pessoas podiam se ver como seres humanos primeiramente, e até mesmo se tornarem amigas.

É natural e até normal sermos atraídos àqueles que vemos como semelhantes a nós, que compartilham experiências e valores semelhantes aos nossos. Mas, como o apóstolo Paulo com frequência enfatizava, o evangelho é um desafio a qualquer barreira que consideramos normais entre as pessoas (2 Coríntios 5:15). Com as lentes do evangelho, vemos um quadro maior do que as nossas diferenças: compartilhamos o quebrantamento, o desejo e a necessidade de experimentar a cura no amor de Deus.

Se acreditamos que um "morreu por todos" (v.15), não podemos mais nos contentar com suposições superficiais sobre os outros. Em vez disso, "o amor de Cristo nos impulsiona" (v.14) a compartilhar Seu amor e missão com aqueles que Deus ama, mais do que podemos imaginar: todos.

MOMENTOS DE REFLEXÃO

De qualquer forma, o amor de Cristo nos impulsiona. […] Portanto, não avaliamos mais ninguém do ponto de vista humano. 2 Coríntios 5:14,16

Mas ele, em sua graça, nos declara justos por meio de Cristo Jesus… Romanos 3:24

Nessa nova vida, não importa se você é judeu ou gentio, se é circuncidado ou incircuncidado, se é inculto ou incivilizado, se é escravo ou livre. Cristo é tudo que importa, e ele vive em todos. Colossenses 3:11

MOMENTOS DE RENOVAÇÃO

Pai, sou grata pelos momentos em que tenho o vislumbre da imensa beleza do amor e da alegria nos outros. Ajuda-me a viver cada dia dessa maneira, não avaliando "mais ninguém do ponto de vista humano".

34

Mergulhando em Sua graça

Salmo 127

Em 8 de janeiro de 1964, Randy Gardner, 17 anos, fez algo que estava sem fazer havia 11 dias e 25 minutos: pegou no sono. Ele queria entrar para o *Livro Guinness dos Recordes* como o ser humano que ficou mais tempo sem dormir. Com refrigerantes, jogos de basquete e boliche, Gardner rejeitou o sono por uma semana e meia. Antes de desmoronar, o paladar, o olfato e a audição saíram de seu controle. Décadas depois, Gardner sofreu episódios de insônia muito severos. Ele estabeleceu o recorde, mas também confirmou o óbvio: o sono é essencial.

Muitos de nós lutamos para ter uma noite de sono decente. Diferentemente de Gardner, que se privou de forma intencional, podemos sofrer de insônia por diversas razões, incluindo muita ansiedade: o medo de tudo o que precisamos fazer, o pavor das expectativas dos outros, a angústia de viver num ritmo frenético. Às vezes, é difícil afastarmos o medo e relaxar.

O salmista nos diz que, "se o Senhor não constrói a casa", trabalhamos em vão (Salmo 127:1). Nossos esforços incessantes são inúteis a menos que Deus providencie aquilo que precisamos. Felizmente, Deus nos supre e "cuida de seus amados enquanto dormem" (v.2). O amor de Deus se estende a todos nós. Ele nos convida a lhe entregarmos as nossas ansiedades e a mergulharmos em Seu descanso, em Sua graça.

MOMENTOS DE REFLEXÃO

Se o Senhor não constrói a casa, o trabalho dos construtores é vão [...] É inútil trabalhar tanto, desde a madrugada até tarde da noite, e se preocupar em conseguir o alimento, pois Deus cuida de seus amados enquanto dormem. Salmo 127:1-2

Entreguem-lhe todas as suas ansiedades, pois ele cuida de vocês. 1 Pedro 5:7

Ele não deixará que você tropece; aquele que o protege não cochilará. Aquele que guarda Israel não cochila nem dorme. Salmo 121:3-4

MOMENTOS DE RENOVAÇÃO

Peça a Deus por uma boa noite de sono esta noite, e não esqueça que o Senhor hoje a capacita para realizar o seu trabalho.

35

A vontade de Deus

Salmo 62

À s vezes é difícil fazer a vontade de Deus. Ele nos pede para agir corretamente. Pede-nos para suportarmos as adversidades sem reclamar; a amar pessoas estranhas; a ouvir a nossa voz interior que diz: "Não faça"; a dar passos que preferiríamos evitar. Portanto, o dia inteiro devemos dizer à nossa alma: "Ei, alma, ouça! Silencie: faça o que Jesus está lhe pedindo".

"Em silêncio diante de Deus, minha alma espera..." (Salmo 62:1). "Que minha alma espere em silêncio diante de Deus..." (62:5). Os versículos são semelhantes, mas diferentes. Davi diz algo sobre sua alma e depois, diz algo à sua alma. "Minha alma espera..." refere-se a uma decisão, uma determinação de mente; "...espere em silêncio" é Davi fazendo sua alma se lembrar dessa decisão.

Davi decide viver silenciosamente a submissão à vontade de Deus. Esse é o nosso chamado também, para isso fomos criados. Estaremos em paz quando tivermos concordado: "...que seja feita a tua vontade..." (Lucas 22:42). Quando tornamos o Senhor a fonte de nosso mais profundo deleite, cumprimos o nosso primeiro e maior chamado. "Tenho prazer em fazer tua vontade...", disse o salmista (Salmo 40:8).

Devemos pedir a ajuda de Deus sempre, "pois nele está minha esperança" (62:5). Quando pedimos por Sua ajuda, Ele a concede. Deus nunca nos pede para fazer algo que Ele próprio não fará ou não poderá fazer.

MOMENTOS DE REFLEXÃO

Em silêncio diante de Deus, minha alma espera, pois dele vem minha vitória. Somente ele é minha rocha e minha salvação, minha fortaleza onde jamais serei abalado. Salmo 62:1-2

Tenho prazer em fazer tua vontade, meu Deus, pois a tua lei está em meu coração. Salmo 40:8

Se alguém quer ser meu seguidor, negue a si mesmo, tome sua cruz e siga-me. Mateus 16:24

MOMENTOS DE RENOVAÇÃO

Pai, nem sempre entendo a Tua vontade, ajuda-me a render-me a Ti. Ensina-me a confiar em Teu caráter bom e fiel.

36

Em busca da ajuda de Deus

2 Crônicas 20:5-12,15

Durante cinco anos, no final do século 19, os gafanhotos destruíram as colheitas em Minnesota, EUA. Os agricultores tentaram apanhá-los e queimaram os seus campos para matar seus ovos. Sentindo-se desesperados, e à beira da fome, muitos separaram um dia de oração, ansiando, em conjunto, pela ajuda de Deus. O governador do estado cedeu e separou o dia 26 de abril para orar.

Dias após a oração coletiva, o tempo esquentou e os ovos começaram a eclodir. Mas quatro dias depois, uma queda de temperatura os surpreendeu e satisfez muitos, pois as temperaturas congelantes mataram as larvas. E, mais uma vez, os agricultores puderam colher milho, trigo e aveia.

A oração também esteve por detrás da salvação do povo de Deus durante o período do rei Josafá. Quando o rei soube que um vasto exército vinha contra ele, chamou o povo de Deus para orar e jejuar. O povo lembrou a Deus como Ele os tinha salvado em tempos passados. E Josafá lhes garantiu que vindo a calamidade, "como guerra, praga ou fome", eles clamariam a Deus sabendo que o Senhor os ouviria e salvaria (2 Crônicas 20:9).

Deus resgatou o Seu povo dos exércitos invasores. Ele nos ouve quando clamamos a Ele em aflição. Qualquer que seja a sua preocupação, seja um problema de relacionamento ou outra ameaça do mundo natural, entregue isso a Deus, em oração. Nada é muito difícil para Ele.

MOMENTOS DE REFLEXÃO

Assim diz o Senhor: Não tenham medo! Não fiquem desanimados por causa desse exército imenso, pois a batalha não é sua, mas de Deus. 2 Crônicas 20:15

Assim, aproximemo-nos com toda confiança do trono da graça, onde receberemos misericórdia e encontraremos graça para nos ajudar quando for preciso. Hebreus 4:16

Dos céus estendeu a mão e me resgatou; tirou-me de águas profundas. Salmo 18:16

MOMENTOS DE RENOVAÇÃO

Pai, Tu fizestes o mundo e tudo o que há nele. Por favor, restaura a ordem e salva o Teu povo, a quem Tu amas.

37

A ligação com a vida

Tito 3:1-11

Aos 16 anos, Morris Frank (1908-80) perdeu a visão dos dois olhos. Vários anos depois, ele viajou à Suíça, onde encontrou Buddy, o cão que ajudaria a inspirar o envolvimento dele com a escola de cães-guias *Seeing Eye* (Olho que vê).

Com Buddy indicando o caminho, Frank aprendeu a locomover-se em calçadas e cruzamentos movimentados. Ao descrever a liberdade que seu guia lhe proporcionava, Frank disse: "Era maravilhoso: apenas Buddy e uma guia de couro ligando-me à vida". O cão-guia deu a Morris Frank um novo tipo de acesso ao mundo à sua volta.

O Espírito Santo de Deus nos dá acesso à vida espiritual abundante em Cristo. Quando aceitamos Cristo como Senhor, Deus nos lava de nossos pecados e nos renova: "...por meio do Espírito Santo. Generosamente, derramou o Espírito sobre nós por meio de Jesus Cristo, nosso Salvador" (Tito 3:5-6). Quando conhecemos a Cristo, o Espírito Santo nos ajuda a experimentar o amor de Deus (Romanos 5:5), compreender a Palavra de Deus (João 14:26), orar (Romanos 8:26) e sermos ricos em esperança (Romanos 15:13).

Hoje, ao pensar sobre seu relacionamento com Deus, lembre-se de que o Espírito é o seu guia para a vida em Cristo (Romanos 8:14).

MOMENTOS DE REFLEXÃO

Ele nos salvou não porque tivéssemos feito algo justo, mas por causa de sua misericórdia. Ele nos lavou para remover nossos pecados, nos fez nascer de novo e nos deu nova vida por meio do Espírito Santo. Tito 3:5

E essa esperança não nos decepcionará, pois sabemos quanto Deus nos ama, uma vez que ele nos deu o Espírito Santo para nos encher o coração com seu amor. Romanos 5:5

Porque todos que são guiados pelo Espírito de Deus são filhos de Deus. Romanos 8:14

MOMENTOS DE RENOVAÇÃO

Jesus, sou grata por nos enviares o Espírito Santo para que eu possa viver de todo o coração para ti.

38

Aceito e aprovado

Isaías 43:1-4

Quando criança, Tiago era inseguro. Ele buscava a aprovação de seu pai, mas nunca a recebia. Parecia que tudo o que fazia, fosse na escola ou em casa, nunca era bom o suficiente. Mesmo quando se tornou adulto, a insegurança permaneceu. Ele sempre se perguntava: "Será que sou bom o suficiente?".

Somente quando ele recebeu Jesus como seu Salvador, Tiago encontrou a segurança e a aprovação que tanto desejava. Ele aprendeu que Deus, tendo-o criado, amava-o e o valorizava como Seu filho. Tiago finalmente poderia viver confiante de que era verdadeiramente valorizado e amado.

Em Isaías 43:1-4, Deus disse a Seu povo que, tendo-o formado, Ele usaria Seu poder e amor para os redimir. "Pois você é precioso para mim, é honrado e eu o amo", declarou. O Senhor agiria a favor deles porque os amava (v.4).

O valor que Deus concede àqueles que ama não vem de nada que fazemos, mas do simples e poderoso fato de que Ele nos escolheu para sermos Seus.

Essas palavras de Isaías 43 não apenas deram a Tiago enorme segurança, mas também o capacitaram com confiança para fazer o melhor para Deus em qualquer tarefa que fosse chamado a fazer. Hoje ele é um pastor que faz tudo o que pode para encorajar outros com esta verdade vivificante: somos aceitos e aprovados em Jesus. Que hoje possamos viver essa verdade, confiadamente.

MOMENTOS DE REFLEXÃO

Pois você é precioso para mim, é honrado e eu o amo. Isaías 43:4

…[Deus] acalmará todos os seus medos com amor; ele se alegrará em vocês com gritos de alegria! Sofonias 3:17

Mesmo antes de criar o mundo, Deus nos amou e nos escolheu em Cristo para sermos santos e sem culpa diante dele. Ele nos predestinou para si, para nos adotar como filhos por meio de Jesus Cristo, conforme o bom propósito de sua vontade. Efésios 1:4-5

MOMENTOS DE RENOVAÇÃO

Imagine Jesus olhando amorosamente para você, e você o fitando. Pergunte ao seu Salvador como Ele a vê.

39

Guerreiro corajoso

Juízes 6:11-16

Diet Eman era uma jovem holandesa comum, tímida e apaixonada, que trabalhava e aproveitava o tempo com a família e amigos, quando os alemães invadiram seu país em 1940. Ela escreveu mais tarde: "Quando há perigo a sua porta, você quer agir como um avestruz enterrando a cabeça na areia". Contudo, essa jovem foi chamada por Deus para resistir à opressão germânica, e isso incluía arriscar a sua vida para encontrar lugares para esconder judeus e outras pessoas perseguidas. Essa jovem tão discreta se tornou uma guerreira de Deus.

Há muitas histórias bíblicas similares à dessa jovem holandesa. São histórias nas quais Deus usa pessoas aparentemente improváveis para servi-lo. Por exemplo: quando o anjo do Senhor se aproximou de Gideão, ele proclamou: "O SENHOR está com você, guerreiro corajoso" (Juízes 6:12). Porém, Gideão parecia ser tudo, menos corajoso. Ele estava secretamente debulhando trigo longe dos olhos dos midianitas, que controlavam opressivamente Israel naquele tempo (vv.1-6,11). Ele pertencia ao clã mais fraco de Israel (Manassés) e era o "menos importante" de sua família (v.15). Gideão não se sentia apto para cumprir o chamado de Deus e até pediu vários sinais. Mesmo assim, Deus o usou para derrotar os cruéis midianitas (Juízes 7).

Deus considerou Gideão *corajoso*. Assim como Deus estava com Gideão e o capacitou, da mesma maneira, Ele está conosco, Seus "filhos amados" (Efésios 5:1), suprindo-nos o necessário para viver por Ele e servi-lo em pequenas e grandes maneiras.

MOMENTOS DE REFLEXÃO

O Senhor está com você, guerreiro corajoso. Juízes 6:12

E, se o Espírito de Deus que ressuscitou Jesus dos mortos habita em vocês, o Deus que ressuscitou Cristo Jesus dos mortos dará vida a seu corpo mortal, por meio desse mesmo Espírito que habita em vocês. Romanos 8:11

Com tua força, posso atacar qualquer exército; com meu Deus, posso saltar qualquer muralha. Salmo 18:29

MOMENTOS DE RENOVAÇÃO

Pai, sou grata por suprires-me com tudo o que preciso para viver e servir-te, por equipar-me com Teu grande poder e força.

40

Impedidos de ouvir

Êxodo 6:1-9

O ursinho Pooh tem uma frase conhecida: "Se a pessoa com que você está falando parece não estar ouvindo, seja paciente. Talvez, isso signifique simplesmente que ela tem um pedacinho de algodão no ouvido".

Aprendi que o ursinho pode estar certo numa coisa: quando alguém não o ouve, mesmo que isso signifique que ouvir tal conselho seja para o próprio bem, pode ser que a hesitação dela seja apenas um pedacinho de algodão no ouvido. Ou talvez o problema seja outro: alguns acham difícil ouvir bem, porque estão feridos e desanimados.

Moisés disse que falou com o povo de Israel, mas eles não o ouviram, porque o espírito deles estava ferido, e a vida deles era difícil (Êxodo 6:9). A palavra *desanimados* em hebraico significa literalmente "sem fôlego", resultado da brutal escravidão que sofriam no Egito. Sendo esse o caso, a relutância de Israel em ouvir as instruções de Moisés exigia entendimento e compaixão, ao invés de repreensão.

O que devemos fazer quando não nos ouvem? As palavras do ursinho Pooh consagram a sabedoria: "Seja paciente". Deus diz: "O amor é paciente e bondoso" (1 Coríntios 13:4); é disposto a esperar. Deus ainda não terminou a obra nesse indivíduo. O Senhor está agindo em meio a tristeza deles, com o nosso amor e nossas orações. Talvez, em Seu tempo, Ele abra os ouvidos deles para ouvirem. Apenas seja paciente.

MOMENTOS DE REFLEXÃO

…eles já não quiseram lhe dar ouvidos. Estavam desanimados demais por causa da escravidão brutal que sofriam. Êxodo 6:9

O amor é paciente e bondoso. O amor não é ciumento, nem presunçoso. Não é orgulhoso, nem grosseiro. Não exige que as coisas sejam à sua maneira. Não é irritável, nem rancoroso. Não se alegra com a injustiça, mas sim com a verdade. O amor nunca desiste, nunca perde a fé, sempre tem esperança e sempre se mantém firme. 1 Coríntios 13:4-7

O amor do Senhor não tem fim! Suas misericórdias são inesgotáveis. Grande é sua fidelidade… Lamentações 3:22-23

MOMENTOS DE RENOVAÇÃO

Pai, concede-me paciência para com os que estão passando por dificuldades, frustrados ou desanimados. Ajuda-me a não julgá-los, mas a amá-los.

41

Mais do que desejar

Mateus 6:5-15

Quando criança, C. S. Lewis gostava de ler os livros de E. Nesbit, especialmente *Cinco crianças e um segredo* (Editora 34, 2010). Neste livro, irmãos e irmãs em férias de verão descobrem uma antiga fada de areia que lhes concede um desejo a cada dia. Mas cada desejo traz mais problemas do que felicidade para as crianças, porque elas não podem prever os resultados de conseguir tudo o que pedem.

A Bíblia nos diz para apresentar os nossos pedidos a Deus (Filipenses 4:6). Mas a oração é muito mais do que dizer a Deus o que queremos que Ele faça por nós. Quando Jesus ensinou os Seus discípulos a como orar, Ele começou lembrando-os: "seu Pai sabe exatamente do que vocês precisam antes mesmo de pedirem" (Mateus 6:8).

A Oração do Pai Nosso é mais sobre viver em um relacionamento crescente e confiante com nosso Pai celestial do que sobre conseguir o que queremos dele. À medida que crescemos na fé, as nossas orações se tornam menos uma lista de desejos e mais como uma conversa íntima com o Senhor.

Perto do fim de sua vida, C. S. Lewis escreveu: "Se Deus tivesse concedido todas as orações tolas que fiz em minha vida, onde eu estaria agora?"

Orar é colocar-se na presença de Deus para receber dele o que realmente precisamos.

MOMENTOS DE REFLEXÃO

Venha o teu reino. Seja feita a tua vontade, assim na terra como no céu. Mateus 6:10

Não vivam preocupados com coisa alguma; em vez disso, orem a Deus pedindo aquilo de que precisam e agradecendo-lhe por tudo que ele já fez. Então vocês experimentarão a paz de Deus, que excede todo entendimento e que guardará seu coração e sua mente em Cristo Jesus. Filipenses 4:6-7

…seu Pai sabe exatamente do que vocês precisam antes mesmo de pedirem. Mateus 6:8

MOMENTOS DE RENOVAÇÃO

Conte a Deus sobre as suas necessidades, agradecendo o Seu Salvador por Sua fidelidade em sua vida. Ele se inclina para a ouvir; ouça-o também.

42

Um lugar remoto

Marcos 8:1-13

A Ilha Tristão da Cunha é famosa por seu isolamento. Ela é a ilha habitada mais remota do mundo, pois apenas 288 pessoas a chamam de lar. A ilha está situada no Oceano Atlântico Sul, a 2.800 quilômetros da África do Sul — o país continental mais próximo. Quem quiser visitá-la tem de viajar de barco durante sete dias, porque a ilha não tem pista de pouso e decolagem.

Jesus e Seus seguidores estavam em um lugar um pouco afastado quando Ele produziu uma refeição milagrosa para milhares de pessoas famintas. Antes de Seu milagre, Jesus disse aos Seus discípulos: eles "Estão aqui comigo há três dias e não têm mais nada para comer. Se eu os mandar embora com fome, desmaiarão no caminho" (Marcos 8:2-3). Por estarem no campo, onde não havia alimento prontamente disponível, elas tinham de depender totalmente de Jesus. E não tinham a quem mais recorrer.

Às vezes, Deus permite que estejamos em lugares desertos onde Ele é a nossa única fonte de ajuda. Sua capacidade de nos prover não está necessariamente ligada às nossas circunstâncias. Se Ele criou o mundo todo a partir do nada, o Senhor certamente pode suprir as nossas necessidades — seja qual for a nossa circunstância — com as riquezas da Sua glória, em Cristo Jesus (Filipenses 4:19).

MOMENTOS DE REFLEXÃO

Ó Deus, tu és meu Deus; eu te busco de todo o coração. Minha alma tem sede de ti; todo o meu corpo anseia por ti nesta terra seca, exausta e sem água. Eu te vi em teu santuário e contemplei teu poder e tua glória. Salmo 63:1-2

E esse mesmo Deus que cuida de mim lhes suprirá todas as necessidades por meio das riquezas gloriosas que nos foram dadas em Cristo Jesus. Filipenses 4:19

MOMENTOS DE RENOVAÇÃO

Converse com Deus sobre a área da sua vida que você tem dificuldade em crer que Ele atenderá às suas necessidades. Ouça a amorosa resposta do Senhor.

43

Os caminhos restauradores de Deus

Oseias 14

Uma das canções mais comoventes do espetáculo musical *The Greatest Showman* (O maior dos artistas) fala sobre prosseguir. A canção é interpretada depois que o personagem principal reflete sobre as dores que causou aos familiares e amigos. A canção celebra a alegria do retorno ao lar e a descoberta de que o que já possuímos é mais do que o suficiente.

De maneira semelhante, o livro de Oseias conclui com alegria e gratidão desmedida pela restauração que Deus possibilita aos que se voltam a Ele. Grande parte do livro desse profeta compara o relacionamento entre Deus e o Seu povo à relação com um cônjuge infiel e lamenta os fracassos de Israel em amá-lo e viver para Ele.

No entanto, no capítulo 14, Oseias expõe e eleva a promessa do amor ilimitado, graça e restauração de Deus, livremente disponível aos que regressam a Ele com o coração quebrantado por terem abandonado-o de várias formas (14:1-3). Deus promete: "Então eu os curarei de sua infidelidade e os amarei com todo o meu ser" (v.4). E o que parecia quebrado e sem restauração mais uma vez encontrará a plenitude e abundância, à medida que a graça de Deus, como o orvalho, fará o Seu povo florescer como o lírio e crescer como o trigo (vv.5-7).

Quando magoamos os outros ou não damos valor à bondade divina em nossa vida, é fácil presumir que desfiguramos para sempre as boas dádivas que nos foram concedidas. Mas quando voltamo-nos humildemente a Ele, descobrimos que o Seu amor sempre nos alcança para nos acolher e restaurar.

MOMENTOS DE REFLEXÃO

Meu povo viverá novamente à minha sombra; crescerá como o trigo e florescerá como a videira. Oseias 14:7

Então eu os curarei de sua infidelidade e os amarei com todo o meu ser... Oseias 14:4

Se Deus é por nós, quem será contra nós? Se ele não poupou nem mesmo seu próprio Filho, mas o entregou por todos nós, acaso não nos dará todas as outras coisas? Romanos 8:31-32

MOMENTOS DE RENOVAÇÃO

Pai amoroso, ensina-me a confiar em Tua bondade, não apenas quando estou bem, mas o tempo todo.

44

Marcas de família

1 João 4:7-16

As ilhas Aran, ao largo da costa oeste da Irlanda, são conhecidas por suas belas malhas de lã. Para a criação das vestimentas, os padrões são tecidos com lã de ovelha. Muitos modelos refletem a cultura e o folclore dessas pequenas ilhas, mas alguns são mais pessoais. Cada família das ilhas tem a marca registrada que os distingue, que lhes é tão característica. Diz-se que, se um pescador se afogar, poderá ser identificado simplesmente pelo exame de sua malha de lã com a marca registrada da família.

Na primeira carta de João, o apóstolo descreve as características que devem ser as marcas distintivas daqueles que fazem parte da família de Deus. O apóstolo João afirma que somos realmente parte da família de Deus, dizendo: "Vejam como é grande o amor do Pai por nós, pois ele nos chama de filhos, o que de fato somos…" (1 João 3:1). Em seguida, descreve as marcas registradas daqueles que são os filhos de Deus, incluindo: "Amados, continuemos a amar uns aos outros, pois o amor vem de Deus. Quem ama é nascido de Deus e conhece a Deus" (4:7).

Porque "o amor vem de Deus", a principal maneira de refletir o coração do Pai é demonstrando o amor que o caracteriza. Que possamos permitir que o Seu amor alcance aos outros por nosso intermédio — pois o amor é uma das marcas registradas de nossa família.

MOMENTOS DE REFLEXÃO

Nós amamos porque ele nos amou primeiro. 1 João 4:19

Por isso, agora eu lhes dou um novo mandamento: Amem uns aos outros. Assim como eu os amei, vocês devem amar uns aos outros. Seu amor uns pelos outros provará ao mundo que são meus discípulos". João 13:34-35

Não devam nada a ninguém, a não ser o amor de uns pelos outros. Romanos 13:8

MOMENTOS DE RENOVAÇÃO

Pai, ajuda-me a descansar em Teu amor para que Teu amor por mim transborde naturalmente para aqueles ao meu redor.

45

Ele me achou

Lucas 19:1-10

O filme *Jornada pela Liberdade* (2006) foi ambientado no final do século 18. Conta a história de William Wilberforce, um político que foi impulsionado por sua fé em Cristo a comprometer seu dinheiro e energia para abolir o comércio de escravos na Inglaterra. Em uma das cenas, o mordomo de Wilberforce o encontra orando. O mordomo pergunta: "O senhor encontrou Deus?". Wilberforce responde: "Acho que o Senhor me encontrou".

A Bíblia retrata a humanidade como ovelhas rebeldes e errantes: "Todos nós nos desviamos como ovelhas; deixamos os caminhos de Deus para seguir os nossos caminhos" (Isaías 53:6). De fato, esta condição rebelde está tão profundamente enraizada em nós que o apóstolo Paulo disse: "Ninguém é justo, nem um sequer. Ninguém é sábio, ninguém busca a Deus. Todos se desviaram, todos se tornaram inúteis. Ninguém faz o bem, nem um sequer" (Romanos 3:10-12). É por isso que Jesus veio. Nós nunca o buscaríamos, então Ele veio nos buscar. Jesus declarou Sua missão com as palavras: "Porque o Filho do Homem veio buscar e salvar os perdidos" (Lucas 19:10).

Wilberforce estava completamente certo. Jesus veio nos encontrar, pois nunca poderíamos tê-lo encontrado se isso dependesse de nós mesmos. Esta é uma clara expressão do amor do Criador por Sua criação perdida — Ele nos busca e deseja nos tornar Seus.

MOMENTOS DE REFLEXÃO

Porque o Filho do Homem veio buscar e salvar os perdidos. Lucas 19:10

Se um homem tiver cem ovelhas e uma delas se perder, o que acham que ele fará? Não deixará as outras noventa e nove no pasto e buscará a perdida até encontrá-la? [...]. Quando chegar, reunirá os amigos e vizinhos e dirá: "Alegrem-se comigo, pois encontrei minha ovelha perdida!" Lucas 15:4,6

...há alegria na presença dos anjos de Deus quando um único pecador se arrepende. Lucas 15:10

MOMENTOS DE RENOVAÇÃO

Pai, sou grata por teres vindo buscar-me e salvar os que se perderam. Enquanto vivo meu dia hoje, ajuda-me a lembrar de Tua misericórdia generosa e de Teu amor imutável por mim.

46

Aqui para você

Deuteronômio 15:7-11

Nos arredores de Paris e em muitas cidades ao redor do mundo, as pessoas estão auxiliando os sem-teto em suas comunidades. Roupas dentro de bolsas impermeáveis são penduradas em cercas para suprir a necessidade dos que vivem em situação de rua. As etiquetas anunciam sua mensagem: "Não estou perdida; essas roupas são suas se você estiver com frio". Esse esforço em ajudar não somente aquece os carentes, mas também ensina as pessoas da comunidade sobre a importância de prover pelos necessitados que estão entre eles.

A Bíblia destaca a importância de cuidar dos que são pobres instruindo-nos a sermos "generosos" em relação a eles (Deuteronômio 15:11). Podemos ser impelidos a desviar os nossos olhos do sofrimento dos pobres, retendo firmemente os nossos recursos em vez de os compartilharmos. No entanto, Deus nos desafia a reconhecer que estaremos sempre cercados por aqueles que têm necessidades e, portanto, para reagirmos com generosidade, não com "má vontade" (v.10). Jesus diz que, ao dar aos pobres, recebemos um tesouro duradouro no Céu (Lucas 12:33).

Nossa generosidade pode não ser reconhecida por ninguém além de Deus. No entanto, quando doamos livremente, não apenas satisfazemos as necessidades daqueles que nos rodeiam, mas também experimentamos a alegria que Deus deseja para nós ao provermos aos outros. Que o Senhor nos ajude a ter os olhos abertos e as mãos abertas para suprir as necessidades daqueles que Ele coloca em nossos caminhos!

MOMENTOS DE REFLEXÃO

…ordeno que compartilhem seus bens generosamente com os pobres e com outros necessitados de sua terra. Deuteronômio 15:11

Quem oprime o pobre insulta seu Criador, mas quem ajuda o necessitado honra a Deus. Provérbios 14:31

Não devam nada a ninguém, a não ser o amor de uns pelos outros. Quem ama seu próximo cumpre os requisitos da lei de Deus. Romanos 13:8

MOMENTOS DE RENOVAÇÃO

Com Jesus, reflita sobre as suas doações financeiras este ano. Pergunte ao seu Salvador se há uma pessoa em particular (ou ministério, ou causa) a quem você deveria considerar doar.

47

A continuar

Atos 1:1-11

O quinto livro do Novo Testamento, Atos dos Apóstolos, registra o começo da igreja cristã sob a liderança das pessoas que tinham sido designadas por Jesus. Alguns estudiosos sugeriram que esse livro também poderia chamar-se Atos do Espírito Santo, porque o poder do Espírito supriu os apóstolos com coragem diante de todas as provações.

Pouco antes de Jesus ser elevado ao Céu, Ele disse aos Seus escolhidos: "Vocês receberão poder quando o Espírito Santo descer sobre vocês, e serão minhas testemunhas em toda parte: em Jerusalém, em toda a Judeia, em Samaria e nos lugares mais distantes da terra" (Atos 1:8). Com essas palavras terminou um capítulo da história da obra de Deus na Terra, e um novo começou. Somos parte dessa história ainda sendo escrita.

O livro de Atos descreve o fiel testemunho de Pedro, João, Barnabé, Paulo, Dorcas, Lídia e muitos outros dos primeiros tempos da Igreja. Essas pessoas comuns dependiam de Deus para lhes dar força ao proclamarem a Sua Palavra e demonstrarem o Seu amor.

Essa história continua por meio de nós. Ao confiarmos em Deus e obedecermos à Sua direção para proclamar Jesus e torná-lo conhecido, Ele escreve, por nosso intermédio, novas páginas em Sua história de redenção.

MOMENTOS DE REFLEXÃO

Vocês receberão poder quando o Espírito Santo descer sobre vocês, e serão minhas testemunhas em toda parte: em Jerusalém, em toda a Judeia, em Samaria e nos lugares mais distantes da terra. Atos 1:8

Pela fé, eles conquistaram reinos, governaram com justiça e receberam promessas. Fecharam a boca de leões, apagaram chamas de fogo e escaparam de morrer pela espada. Sua fraqueza foi transformada em força. Tornaram-se poderosos na batalha e fizeram fugir exércitos inteiros. Hebreus 11:33-34

Sim, eu sou a videira; vocês são os ramos. Quem permanece em mim, e eu nele, produz muito fruto. João 15:5

MOMENTOS DE RENOVAÇÃO

Espírito misericordioso, sem ti, eu seria incapaz de agradar a Deus. Abre os meus olhos para a Tua obra e a Tua vida em mim. Ajuda-me a ser sensível à Tua voz e orientações.

48

Deus em ação

Mateus 27:50-54

"Deus está chorando", sussurrou a filha de 10 anos de Bill Haley, enquanto eles estavam sob a chuva com um grupo de cristãos multiétnicos. Eles tinham ido àquele vale para buscar a Deus e tentar compreender o legado de discórdia racial na América do Norte. De mãos dadas, eles oraram sobre o chão em que os escravos tinham sido enterrados. De repente, o vento começou a soprar e começou a chover. À medida que o líder do grupo clamava por cura do racismo, a chuva começou a cair ainda mais forte. Reunidos ali, eles creram que Deus estava agindo para trazer reconciliação e perdão.

Aconteceu o mesmo no Calvário: Deus estava agindo. Depois que Jesus deu Seu último suspiro, "A terra estremeceu, rochas se partiram e sepulturas se abriram" (Mateus 27:51-52). Embora alguns tivessem negado quem Jesus era, um centurião designado para vigiá-lo chegou a uma conclusão diferente: "O oficial romano e os outros soldados que vigiavam Jesus ficaram aterrorizados com o terremoto e com tudo que havia acontecido, e disseram: 'Este homem era verdadeiramente o Filho de Deus!'" (v.54).

Na morte de Jesus, Deus estava agindo para prover o perdão dos pecados para todos os que creem nele: "Deus em Cristo estava reconciliando consigo o mundo, não levando mais em conta os pecados das pessoas" (2 Coríntios 5:19).

Não há melhor maneira de demonstrarmos que fomos perdoados por Deus do que estender o perdão uns aos outros.

MOMENTOS DE REFLEXÃO

Naquele momento, a cortina do santuário do templo se rasgou em duas partes, de cima até embaixo. A terra estremeceu, rochas se partiram e sepulturas se abriram. Mateus 27:51-52

E ele nos deu esta mensagem maravilhosa de reconciliação. 2 Coríntios 5:19

Amados, continuemos a amar uns aos outros, pois o amor vem de Deus. Quem ama é nascido de Deus e conhece a Deus. 1 João 4:7

MOMENTOS DE RENOVAÇÃO

Pai, sou grata por amares tanto o mundo que enviaste Jesus para que eu pudesse ser perdoada. Ajuda-me a seguir Teu exemplo estendendo o perdão aos outros.

49

Labutando para Deus

Hebreus 6:9-12

Talvez quem cresceu na mesma vila inglesa com William Carey (1761-1834) tenha pensado que ele não faria muito, porém hoje ele é considerado o pai das missões modernas. Nascido de pais tecelões, ele foi professor e sapateiro não muito bem-sucedido, mas aprendeu sozinho o grego, o hebraico e o latim. Anos depois, ele realizou o seu sonho de tornar-se missionário na Índia. Ele enfrentou dificuldades: a morte de um filho, os problemas de saúde mental de sua esposa e a falta de resposta daqueles a quem serviu.

O que o manteve servindo em meio a dificuldades enquanto traduzia a Bíblia em seis idiomas e partes dela em outras 29 línguas? "Posso labutar", disse ele. "Posso perseverar em qualquer desafio ao qual me propuser." Ele se comprometeu a servir a Deus não importando as provações que porventura encontrasse pelo caminho.

O conselho do escritor da carta aos Hebreus é que nos dediquemos a Cristo continuamente. Ele apelou aos seus leitores a não se tornarem "displicentes" (Hebreus 6:12), mas a "mostrar essa mesma dedicação até o fim" (v.11) ao procurarem honrar a Deus. Assegurou-lhes de que Deus não se esqueceria "de como trabalharam arduamente para ele" (v.10).

Nos seus últimos anos de vida, William Carey refletiu sobre como Deus sempre supriu as suas necessidades. "O Senhor nunca falhou em Sua promessa, então não posso falhar em meu serviço a Ele." Que Deus também nos capacite para o servir dia após dia.

MOMENTOS DE REFLEXÃO

Nosso desejo é que vocês continuem a mostrar essa mesma dedicação até o fim... Hebreus 6:11

Por isso, nunca desistimos. Ainda que nosso exterior esteja morrendo, nosso interior está sendo renovado a cada dia. 2 Coríntios 4:16

Façam isso amando, obedecendo e apegando-se fielmente ao Senhor, pois ele é a sua vida! Deuteronômio 30:20

MOMENTOS DE RENOVAÇÃO

Peça ao seu Salvador pelo dom da perseverança para uma área em que você tem dificuldades. Ouça resposta amorosa que Ele dará a você.

50

Pontes vivas

Jeremias 17:5-10

As pessoas que vivem na cidade de Cherrapunji, na Índia, desenvolveram uma forma singular de atravessar os muitos rios e córregos em suas terras. Elas fazem crescer pontes a partir das raízes de seringueiras. Estas "pontes vivas" levam entre 10 e 15 anos para se formar, mas uma vez crescidas, tornam-se extremamente estáveis e duram centenas de anos.

A Bíblia compara a pessoa que confia em Deus a uma "…árvore plantada junto ao rio, com raízes que se estendem até as correntes de água…" (Jeremias 17:8). Por suas raízes serem bem nutridas, esta árvore sobrevive a temperaturas elevadas. E, durante a seca, continua a produzir frutos.

Como uma árvore firmemente enraizada, as pessoas que confiam em Deus sentem a estabilidade e a vitalidade, apesar das piores circunstâncias. Em contrapartida, as pessoas que colocam sua confiança em outros seres humanos vivem frequentemente com a sensação de instabilidade. A Bíblia as compara a arbustos do deserto, que frequentemente são malnutridos e solitários (v.6). É o mesmo que acontece com a vida espiritual das pessoas que abandonam a Deus.

Onde estão as nossas raízes? Estamos enraizados em Jesus (Colossenses 2:7)? Somos uma ponte viva que leva outros a Ele? Se conhecemos Cristo, podemos testemunhar esta verdade: felizes são aqueles que confiam no Senhor (Jeremias 17:7).

MOMENTOS DE REFLEXÃO

Feliz é quem confia no Senhor, cuja esperança é o Senhor. É como árvore plantada junto ao rio, com raízes que se estendem até as correntes de água. Não se incomoda com o calor, e suas folhas continuam verdes. Não teme os longos meses de seca, e nunca deixa de produzir frutos. Jeremias 17:7-8

Permaneçam em mim, e eu permanecerei em vocês. Pois, assim como um ramo não pode produzir fruto se não estiver na videira, vocês também não poderão produzir frutos a menos que permaneçam em mim. João 15:4

MOMENTOS DE RENOVAÇÃO

Pai, ajuda-me a permanecer em ti, descansar em Tua força e clamar a ti em toda e qualquer situação. Sou grata pela promessa de uma vida frutífera quando vivida sob a Tua dependência.

51

Atentos para ouvir

Salmo 85

"Venha imediatamente, atingimos uma geleira". Essas foram as primeiras palavras que Harold Cottam, o operador de rádio do navio Carpathia, recebeu do operador de rádio do Titanic que afundava às 0h25 em 15 de abril de 1912. O Carpathia foi o primeiro a chegar à cena do desastre, salvando 706 vidas.

O capitão do Carpathia, Arthur Rostron, testemunhou no Senado dos EUA: "Tudo foi absolutamente providencial. Por acaso, naquele momento, o operador se preparava para dormir quando ouviu o rádio em sua cabine. Talvez dez minutos depois e não teríamos ouvido o pedido de socorro".

É importante ouvir — especialmente ouvir a Deus. Os autores do Salmo 85, os descendentes de Corá, exortam-nos a obedecer com atenção: "Ouça com atenção o que Deus, o SENHOR, diz, pois ele fala de paz a seu povo fiel; que não voltem, porém, a seus caminhos insensatos. Certamente sua salvação está perto dos que o temem..." (Salmo 85:8-9). Essa admoestação é especialmente comovente, pois o antepassado deles, Corá, tinha se rebelado contra Deus e perecido no deserto (Números 16:1-35).

Na noite em que o Titanic afundou, havia outro navio muito mais perto, mas seu operador de rádio já estava deitado. Se ele tivesse ouvido o sinal de socorro, talvez mais vidas tivessem sido salvas. Quando ouvimos a Deus e obedecemos aos Seus ensinamentos, Ele nos ajuda a navegar até mesmo pelas águas mais conturbadas da nossa vida.

MOMENTOS DE REFLEXÃO

Minhas ovelhas ouvem a minha voz; eu as conheço, e elas me seguem. João 10:27

Então, se meu povo, que se chama pelo meu nome, humilhar-se e orar, buscar minha presença e afastar-se de seus maus caminhos, eu os ouvirei dos céus, perdoarei seus pecados e restaurarei sua terra. 2 Crônicas 7:14

Não se limitem, porém, a ouvir a palavra; ponham-na em prática. Tiago 1:22

MOMENTOS DE RENOVAÇÃO

Pai, ajuda-me a permanecer perto de ti em meus pensamentos, palavras e ações. Por favor, usa-me como Tua serva para levar Tua esperança aos outros.

52

Poder grisalho

Josué 14:6-12

A artista holandesa Yoni Lefevre criou um projeto chamado *Gray Power* (Poder grisalho) para mostrar a vitalidade da geração mais idosa na Holanda. Ela pediu aos alunos das escolas locais que desenhassem seus avós. Yoni queria mostrar uma "visão honesta e pura" das pessoas mais idosas, e ela acreditava que as crianças poderiam ajudá-la a conseguir o seu objetivo. Os desenhos que elas fizeram refletiam uma perspectiva nova e viva dos mais velhos: avós e avôs jogavam tênis, faziam jardinagem, pintavam gravuras e muito mais!

Calebe, do Israel da antiguidade, foi fundamental em seus anos de velhice. Quando jovem, ele se infiltrou na Terra Prometida antes que os israelitas a conquistassem. Calebe acreditava que Deus ajudaria a sua nação a derrotar os cananeus, mas os outros espiões discordaram (Josué 14:8). Por causa da sua fé, Deus milagrosamente sustentou a vida de Calebe por 45 anos para que ele pudesse sobreviver à peregrinação pelo deserto e entrar na Terra Prometida. Quando finalmente chegou a hora de entrar em Canaã, Calebe, 85, disse: "Continuo forte como no dia em que Moisés me enviou" (v.11). Com a ajuda de Deus, Calebe reivindicou com sucesso sua parte da terra (Números 14:24).

Deus não se esquece de nós à medida que envelhecemos. Embora nosso corpo envelheça e nossa saúde possa falhar, o Espírito Santo de Deus nos renova interiormente a cada dia (2 Coríntios 4:16). Ele torna possível que a nossa vida tenha significado em todas as fases e em todas as idades.

MOMENTOS DE REFLEXÃO

Hoje estou com 85 anos. Continuo forte como no dia em que Moisés me enviou, e ainda posso viajar e lutar tão bem quanto naquela época. Portanto, dê-me a região montanhosa que o Senhor me prometeu. Josué 14:10-12

Meu servo Calebe, no entanto, teve uma atitude diferente dos demais. Permaneceu fiel a mim, por isso eu o farei entrar na terra da qual fez o reconhecimento, e seus descendentes tomarão posse dela. Números 14:24

Por isso, nunca desistimos. Ainda que nosso exterior esteja morrendo, nosso interior está sendo renovado a cada dia. 2 Coríntios 4:16

MOMENTOS DE RENOVAÇÃO

Pai, sei que minha força física e saúde podem falhar. Peço que Tu continuamente me renoves espiritualmente para que eu possa servir-te fielmente enquanto eu viver.

53

Investindo tempo com Deus

Lucas 5:12-16

A *River Runs Through It* (Um rio passa por ali, inédito), de Norman Maclean, é a magistral história de dois rapazes que cresceram ao lado do pai, um ministro presbiteriano. Nas manhãs de domingo, Norman e o seu irmão, Paul, iam à igreja e ouviam o seu pai pregar. Nas noites de domingo, eles assistiam a pregação do pai novamente. Mas nesse meio tempo, "entre os dois cultos" eles caminhavam livremente pelas colinas e riachos com o pai. Era uma retirada intencional, da parte do pai, para "restaurar a alma e reabastecê-la para transbordar no sermão da noite".

Ao longo dos evangelhos, vemos Jesus, nas colinas e cidades, ensinando as multidões e curando os doentes e enfermos que eram trazidos a Ele. Toda essa interação estava de acordo com a missão do Filho do Homem de "buscar e salvar os perdidos" (Lucas 19:10). Mas também se nota que Jesus com frequência "...se retirava para lugares isolados" (5:16). O Seu afastamento era investido em tempo de comunhão com o Pai, em renovação e restauração para cumprir uma vez mais Sua missão.

Em nossos fiéis esforços para servir, é bom nos recordarmos de que Jesus "muitas vezes" se retirou. Se essa prática era importante para Jesus, quanto mais ela o é para nós? Que possamos investir regularmente tempo com o nosso Pai, que pode encher-nos novamente até transbordarmos.

MOMENTOS DE REFLEXÃO

[Jesus], porém, se retirava para lugares isolados, a fim de orar. Lucas 5:16

Protege-me, como a menina de teus olhos; esconde-me à sombra de tuas asas. Salmo 17:8

Eu te vi em teu santuário e contemplei teu poder e tua glória. Teu amor é melhor que a própria vida; com meus lábios te louvarei. Salmo 63:2-3

MOMENTOS DE RENOVAÇÃO

Pai, agradeço-te por me lembrares da minha necessidade de investir tempo contigo. Preciso de Tua graça e força para renovar minha alma frequentemente cansada.

54

Andando com o Espírito

Gálatas 5:13-18

O autor Malcolm Gladwell sugere que dez mil horas é o tempo que leva para ser hábil em qualquer ofício. Mesmo para os maiores artistas e músicos de todos os tempos, o tremendo talento inato não era o suficiente para alcançar o nível de conhecimento que eventualmente alcançariam. Eles precisavam praticar suas habilidades todos os dias.

Por mais estranho que possa parecer, precisamos de mentalidade semelhante quando se trata de aprender a viver no poder do Espírito Santo. Na carta aos Gálatas, Paulo encoraja a Igreja a ser separada para Deus explicando que isso não significava simplesmente obedecer a um conjunto de regras. Em vez disso, somos chamados a andar no Espírito Santo. A palavra grega que o apóstolo Paulo usa para "guiar" significa literalmente andar ao redor de algo, ou viajar (*peripateo*). Assim, para Paulo, andar no Espírito significava caminhar com o Espírito todos os dias — não é apenas uma experiência única do Seu poder.

Oremos para sermos cheios do Espírito diariamente — para nos rendermos à ação do Espírito, à medida que Ele nos aconselha, guia, conforta e simplesmente permanece em nós. E sendo "guiados pelo Espírito" dessa maneira (Gálatas 5:18), tornamo-nos cada vez melhores em ouvir Sua voz e seguir Sua liderança. *Espírito Santo, que possamos andar contigo hoje e todos os dias!*

MOMENTOS DE REFLEXÃO

Por isso digo: deixem que o Espírito guie sua vida. Assim, não satisfarão os anseios de sua natureza humana. A natureza humana deseja fazer exatamente o oposto do que o Espírito quer, e o Espírito nos impele na direção contrária àquela desejada pela natureza humana. Essas duas forças se confrontam o tempo todo, de modo que vocês não têm liberdade de pôr em prática o que intentam fazer. Quando, porém, são guiados pelo Espírito, não estão debaixo da lei. Gálatas 5:16-18

Pois o Senhor é o Espírito, e onde está o Espírito do Senhor, ali há liberdade. 2 Coríntios 3:17

Mas o Espírito produz este fruto: amor, alegria, paz, paciência, amabilidade, bondade, fidelidade, mansidão e domínio próprio. Não há lei contra essas coisas! Gálatas 5:22-23

MOMENTOS DE RENOVAÇÃO

Pergunte a Deus que fruto espiritual o Espírito está instilando em você durante esta temporada e ouça Sua amorosa resposta.

55

Paz em meio ao caos

Salmo 121

Joana despertou do sono com o estrondo que soava como fogos de artifício e ouviu um vidro se partindo. Ela se levantou para ver o que estava acontecendo e desejou que não estivesse morando sozinha. As ruas estavam vazias e escuras e a casa parecia estar bem até ela ver o espelho quebrado.

Os investigadores encontraram uma bala a apenas meia polegada dos canos do gás. Se essa bala tivesse atingido o cano, Joana provavelmente não teria sobrevivido. Mais tarde, eles descobriram que era uma bala perdida vinda de apartamentos próximos, mas com isso Joana sentia medo de ficar em sua casa. Ela orou pedindo paz e, uma vez retirados os cacos de vidro, o coração dela se acalmou.

O Salmo 121 é um lembrete para olharmos para Deus em tempos de aflições. Nele, vemos que podemos ter paz e calma porque o nosso "socorro vem do Senhor, que fez os céus e a terra!" (Salmo 121:2). O Deus que criou o Universo nos ajuda e nos protege (v.3) mesmo enquanto dormimos, mas Ele mesmo nunca cochila nem dorme (v.4). Ele cuida de nós dia e noite (v.6), "agora e para sempre" (v.8).

Deus nos vê, não importa em que tipo de situações nos encontremos. E o Senhor está esperando que nos voltemos para Ele. Quando o fizermos, nem sempre as nossas circunstâncias mudarão, mas Deus prometeu a Sua paz em meio de tudo isso.

MOMENTOS DE REFLEXÃO

O Senhor o guarda de todo mal e protege sua vida. O Senhor o guarda em tudo que você faz, agora e para sempre. Salmo 121:7-8

Esta é minha ordem: "Seja forte e corajoso! Não tenha medo nem desanime, pois o Senhor, seu Deus, estará com você por onde você andar". Josué 1:9

Agora, que o teu amor me console, como prometeste a este teu servo. Salmo 119:76

MOMENTOS DE RENOVAÇÃO

Pai, sou grata por Tua paz. Por favor, continua a acalmar meu coração nas áreas da minha vida que parecem caóticas.

56

Uma espera que vale a pena

Isaías 30:15-19

Preso por longas horas num trabalho estressante e um chefe irracional, Jorge desejou que pudesse desistir, mas ele tinha uma hipoteca, a esposa e uma criança para cuidar. Ele estava disposto a demitir-se de qualquer maneira, porém sua esposa o lembrava: "Vamos esperar e ver o que Deus nos dará".

Meses depois, suas preces foram atendidas. Jorge encontrou um novo emprego que ele gostou e lhe deu mais tempo com a família. "Aqueles meses foram longos", ele me disse: "mas estou feliz por ter esperado para que o plano de Deus se manifestasse no devido tempo".

Esperar pela ajuda de Deus em meio aos problemas é difícil; é tentador sair em busca da própria solução primeiro. Os israelitas fizeram exatamente isto: sob a ameaça de seus inimigos, eles procuraram a ajuda do Egito em vez de se voltar ao Senhor (Isaías 30:2). Mas Deus lhes disse que seriam salvos eles se arrependessem e colocassem a sua confiança nele, então encontrariam força e salvação (v.15). Na verdade, Deus acrescentou que desejava "lhes mostrar seu amor e compaixão" (v.18).

Esperar por Deus requer fé e paciência, mas quando vemos a Sua resposta no final de tudo, perceberemos que valeu a pena: "felizes os que nele esperam" (v.18). E o que é ainda mais incrível: Deus espera por nós irmos a Ele!

MOMENTOS DE REFLEXÃO

Portanto, o Senhor esperará até que voltem para ele, para lhes mostrar seu amor e compaixão. Pois o Senhor é Deus fiel; felizes os que nele esperam. Isaías 30:18

Espere pelo Senhor e seja valente e corajoso; sim, espere pelo Senhor. Salmo 27:14

Confie no Senhor de todo o coração; não dependa de seu próprio entendimento. Busque a vontade dele em tudo que fizer, e ele lhe mostrará o caminho que deve seguir. Provérbios 3:5-6

MOMENTOS DE RENOVAÇÃO

Pai, concede-me paciência para esperar por Tua resposta. Sei que Tu és um Deus bom e amoroso cujo tempo e vontade são sempre perfeitos.

57

Novo normal

Hebreus 4:9-16

Um pastor, treinado em aconselhamento direcionado a traumas e luto, comentou que o maior desafio para as pessoas enlutadas, geralmente, não é a dor imediata à perda. Ao contrário, o grande problema é ajustar-se ao tipo de vida diferente logo em seguida. O que era normal pode nunca mais ser normal novamente. Portanto, o desafio para aqueles que oferecem ajuda é dar assistência àqueles que sofrem, conforme se adaptam à nova rotina. Pode ser uma rotina que já não inclui mais a saúde forte, um relacionamento importante ou um emprego gratificante. Pode ser viver sem alguém amado, levado pela morte. A gravidade de tais perdas nos força a viver um tipo de vida diferente — independentemente do quanto indesejável isso possa ser.

Quando isso acontece, é fácil pensar que ninguém entende como nos sentimos. Mas isto não é verdade. Parte da razão por Jesus ter vindo era experienciar a vida entre nós, resultando em Seu ministério atual: "Nosso Sumo Sacerdote entende nossas fraquezas, pois enfrentou as mesmas tentações que nós, mas nunca pecou" (Hebreus 4:15).

Nosso Salvador teve uma vida perfeita, no entanto Ele também conheceu as dores de um mundo caído. Ele suportou tristeza, sofreu agonia. Jesus está pronto para encorajar-nos quando os momentos escuros da vida nos forçam a adotar uma nova rotina.

MOMENTOS DE REFLEXÃO

Jesus chorou. João 11:35

Ele foi oprimido e humilhado, mas não disse uma só palavra. Isaías 53:7

Nosso Sumo Sacerdote entende nossas fraquezas, pois enfrentou as mesmas tentações que nós, mas nunca pecou. Hebreus 4:15

MOMENTOS DE RENOVAÇÃO

Reflita sobre o mistério e o milagre de ter um Deus que compartilha de sua dor e sofrimento e diga a Jesus o que isso significa para você. Ouça a amorosa resposta dele.

58

A prática do que pregamos

1 João 2:7-11

O pastor e escritor Eugene Peterson teve a oportunidade de ouvir uma palestra do médico suíço e respeitado pastor conselheiro Paul Tournier. Peterson tinha lido os trabalhos do médico e admirava a abordagem dele sobre a cura. A palestra causou-lhe profunda impressão. Enquanto ouvia, ele tinha a sensação de que Tournier praticava o que falava e falava o que praticava. Peterson escolheu a palavra *congruência* para descrever a sua experiência. "É a melhor palavra que posso sugerir."

Congruência é o que alguns chamam de "praticar o que você prega" ou "fazer o que se fala" — uniformidade no proceder. João enfatiza que: "Se alguém afirma: 'Estou na luz', mas odeia seu irmão, ainda está na escuridão" (1 João 2:9). Isso demonstra que a nossa vida e palavras simplesmente não combinam. João vai além dizendo que esse alguém "Não sabe para onde vai" (v.11). Qual a palavra que ele escolheu para descrever como a incongruência nos deixa? Cegos.

Viver intimamente alinhado com Deus permitindo que a Sua Palavra ilumine os nossos caminhos nos impede de vivermos a cegueira espiritual. Como consequência, enxergamos com a visão divina, o que traz clareza e foco aos nossos dias — nossas palavras e ações se complementam. Quando os outros observam isso, a impressão não é necessariamente a de quem conhece todos os lugares para onde se dirige, mas de alguém que sabe claramente a quem está seguindo.

MOMENTOS DE REFLEXÃO

Se alguém afirma: "Estou na luz", mas odeia seu irmão, ainda está na escuridão. 1 João 2:9

Examina-me, ó Deus, e conhece meu coração; prova-me e vê meus pensamentos. Mostra-me se há em mim algo que te ofende e conduze-me pelo caminho eterno. Salmo 139:23-24

Os bons conselhos ficam no fundo do coração, mas a pessoa sensata os traz à tona. Provérbios 20:5

MOMENTOS DE RENOVAÇÃO

Jesus, quero viver uma vida em que minhas palavras e ações se complementem. Tem vezes que fico aquém, mas desejo ser mais consistente a cada dia que passa. Ajuda-me, por favor, para que todos que me ouvem e observam como vivo sejam atraídos a ti.

59

Pedra *eureca*

Mateus 13:44-50

Em 1867, em uma fazenda na África do Sul, Erasmus Jacobs, 15, viu uma pedra brilhando ao sol. Em algum momento, eles comentaram sobre a pedra brilhante com um vizinho, e este queria comprá-la da família. Sem saber seu valor, a mãe de Jacobs disse ao vizinho: "Você pode ficar com a pedra, se quiser".

Em algum momento, um mineralogista determinou que a pedra era um diamante de 21,25 quilates e valia uma grande quantia. Tornou-se conhecido como *Eureka Diamond* (a palavra grega *eureca* significa "eu encontrei!"). Logo os campos perto da fazenda dos Jacobs dispararam em valor. Debaixo da terra havia um dos mais ricos depósitos de diamantes já descobertos.

Jesus disse que o valor de fazer parte do reino de Deus é como um tesouro: "O reino dos céus é como um tesouro escondido que um homem descobriu num campo. Em seu entusiasmo, ele o escondeu novamente, vendeu tudo que tinha e, com o dinheiro da venda, comprou aquele campo" (Mateus 13:44).

Quando colocamos nossa fé em Cristo, há um "momento eureca" espiritual. Deus nos dá perdão em Seu Filho. É o maior tesouro que se pode encontrar. Agora toda a vida pode começar a centrar-se no objetivo de se tornar alguém que se alegra por ser parte de Seu reino eterno. A nossa alegria é compartilhar essa descoberta valiosa com outras pessoas.

MOMENTOS DE REFLEXÃO

O reino dos céus é como um tesouro escondido que um homem descobriu num campo. Em seu entusiasmo, ele o escondeu novamente, vendeu tudo que tinha e, com o dinheiro da venda, comprou aquele campo. Mateus 13:44

Depois de predestiná-los ele os chamou, e depois de chamá-los, os declarou justos, e depois de declará-los justos, lhes deu sua glória. Romanos 8:30

…*o reino de Deus já está entre vocês.* Lucas 17:21

MOMENTOS DE RENOVAÇÃO

Jesus, sou grata por me convidares para o Teu reino eterno. Ajuda-me a viver na luz dessa bela realidade hoje.

60

Apenas um toque

Apocalipse 1:9-18

Foi apenas um toque, mas para Célio fez toda a diferença. Sua pequena equipe se preparava para fazer um trabalho de caridade numa região conhecida pela hostilidade aos cristãos e seu nível de estresse começou a aumentar. Quando ele compartilhou as suas preocupações com um companheiro da equipe, seu amigo parou, colocou a mão em seu ombro e compartilhou algumas palavras encorajadoras com ele. Célio reconhece que o breve toque significou um ponto de virada, um poderoso lembrete da simples verdade de que Deus estava com ele.

João, o amigo íntimo e discípulo de Jesus, havia sido banido para a desolada ilha de Patmos por pregar o evangelho quando ouviu "uma forte voz, como um toque de trombeta" (Apocalipse 1:10). Esse som foi seguido por uma surpreendente visão do próprio Senhor, e João caiu "a seus pés como morto". Porém, naquele momento assustador, ele recebeu consolo e coragem. João escreveu: "Ele, porém, colocou a mão direita sobre mim e disse: "Não tenha medo! Eu sou o Primeiro e o Último" (v.17).

Deus nos tira da nossa zona de conforto para nos mostrar coisas novas, para nos expandir e para nos ajudar a crescer. Mas Ele também traz a coragem e o conforto para passarmos por todas as situações. O Senhor não nos deixará sozinhos em nossas provações. Tudo está sob o Seu controle. Ele nos tem em Suas mãos.

MOMENTOS DE REFLEXÃO

...Ele, porém, colocou a mão direita sobre mim e disse: "Não tenha medo! Eu sou o Primeiro e o Último." Apocalipse 1:17

O Senhor respondeu: "Acompanharei você pessoalmente e lhe darei descanso." Êxodo 33:14

Jesus se aproximou deles e disse: "Toda a autoridade no céu e na terra me foi dada [...]. E lembrem-se disto: estou sempre com vocês, até o fim dos tempos". Mateus 28:18,20

MOMENTOS DE RENOVAÇÃO

Pai, ajuda-me a reconhecer a Tua presença mesmo quando estou ansiosa ou com medo.

61

Traga o que você tem

João 6:4-14

"Sopa de pedra" é um conto antigo com muitas versões, sobre um faminto que chega a uma aldeia, mas ninguém lhe cede uma migalha de comida. Assim, ele coloca uma pedra e água em sua panela na fogueira. Intrigados, os aldeões o observam mexer sua "sopa". Por fim, alguém trouxe duas batatas para adicionar à mistura; outra pessoa trouxe algumas cenouras, ainda outro trouxe uma cebola e, finalmente, alguém trouxe um punhado de cevada. Um fazendeiro doou leite e o "caldo de pedra" transformou-se uma saborosa sopa.

Esse exemplo ilustra o valor do compartilhamento e nos lembra de trazer o que temos, mesmo quando isso parece insignificante. Em João 6:1-14, lemos sobre um menino que parece ter sido a única pessoa na enorme multidão a lembrar-se de trazer comida. Os discípulos de Jesus tinham pouco uso para o escasso almoço do menino: cinco pães e dois peixes. Mas, quando foi entregue ao Senhor, Jesus o multiplicou e alimentou milhares de pessoas famintas!

Da mesma forma que Jesus aproveitou a refeição de uma só pessoa e a multiplicou muito além das expectativas ou da imaginação de qualquer pessoa (João 6:11), Ele aceitará os nossos esforços, dons e serviço quando os submetermos a Ele. Jesus deseja que tenhamos vontade de lhe trazer aquilo que temos.

MOMENTOS DE REFLEXÃO

"Tragam para cá", disse [Jesus]. Mateus 14:18

…mas ele disse: "Minha graça é tudo de que você precisa. Meu poder opera melhor na fraqueza". 2 Coríntios 12:9

"Purifiquem-se, pois amanhã o Senhor fará grandes maravilhas entre vocês!". Josué 3:5

MOMENTOS DE RENOVAÇÃO

Com Jesus, faça uma lista dos talentos, recursos e habilidades que Ele confiou a você. Pergunte a Cristo o que Ele quer que você saiba sobre cada um.

62

Propósito na dor?

2 Coríntios 1:3-7

Quando Siu Fen descobriu que tinha insuficiência renal e precisaria de diálise pelo resto da vida, pensou em desistir. Aposentada e solteira, a cristã de longa data não viu motivos para prolongar sua vida. Mas os amigos a convenceram a perseverar, a fazer diálise e a confiar que Deus a ajudaria.

Dois anos mais tarde, a sua experiência lhe foi útil ao visitar uma amiga da igreja que tinha uma doença incapacitante. A mulher se sentia só, e muito poucos conseguiam de fato entender a situação dela. Mas Siu Fen foi capaz de identificar-se com a dor física e emocional e conectar-se com ela de forma pessoal. Sua própria jornada a capacitou para que ela ajudar aquela mulher, dando-lhe especial conforto que os outros não conseguiam prover, e ela concluiu dizendo: "Agora vejo que Deus ainda pode me usar".

Pode ser difícil entender o motivo de sofrermos, porém Deus pode usar a nossa aflição de maneiras inesperadas. Quando buscamos no Senhor o consolo e o amor em meio às provações, isso também nos capacita a ajudar os outros. Não é de se admirar que Paulo tenha aprendido a ver propósito no próprio sofrimento: isso lhe dava a oportunidade de receber o consolo de Deus, o qual ele poderia usar para abençoar os outros (2 Coríntios 1:3-5). Não nos é exigido que neguemos a nossa dor e sofrimento, mas podemos confiar na capacidade que Deus tem de utilizar isso para o bem.

MOMENTOS DE REFLEXÃO

Ele nos encoraja em todas as nossas aflições, para que, com o encorajamento que recebemos de Deus, possamos encorajar outros quando eles passarem por aflições. 2 Coríntios 1:4

…foram as nossas enfermidades que ele tomou sobre si, e foram as nossas doenças que pesaram sobre ele… Isaías 53:4

O Senhor está perto dos que têm o coração quebrantado e resgata os de espírito oprimido. Salmo 34:18

MOMENTOS DE RENOVAÇÃO

Pai, ajuda-me a continuar confiando em ti em meio às aflições, sabendo que o Teu conforto é ilimitado e que posso compartilhá-lo com quem dele precisa.

63

Uma grande luz

Isaías 9:1-3

Em 2018, 12 meninos tailandeses e seu treinador foram a uma caverna com a intenção de divertirem-se. Devido a elevação das águas no interior do local, eles foram forçados a ir cada vez mais para o interior da caverna. Passaram-se duas semanas e meia até que os resgatadores os levassem para fora daquele local. As equipes de mergulhadores, com o uso de apenas seis lanternas, estavam impedidas pela contínua elevação das águas de resgatá-los enquanto eles esperavam sentados numa pequena placa rochosa. Os jovens passaram muitas horas na escuridão, esperando que de alguma forma a luz e ajuda viessem logo.

O profeta Isaías descreveu um mundo de escuridão, invadido por violência e ganância, destruído pela rebelião e angústia (Isaías 8:22). Nada além de ruína. A vela da esperança cintilando e desaparecendo, crepitando antes de sucumbir ao nada escuro. E, no entanto, Isaías insistia que aquele desespero sombrio não era o fim. Por causa da misericórdia de Deus, em breve não haveria mais "esse tempo de escuridão e desespero" (9:1). Deus nunca abandonaria o Seu povo numa ruína sombria. O profeta lhes anunciou a esperança e apontou para o tempo em que Jesus viria para dissipar as trevas causadas pelo pecado.

Jesus veio! Agora ouvimos as palavras de Isaías com um novo significado: "O povo [...] verá grande luz. [...] na terra de trevas profundas, uma luz brilhará" (v.2).

Não importa a escuridão da noite, nem o desespero da nossa situação, nunca somos abandonados na escuridão. Jesus está aqui. Brilha uma grande Luz.

MOMENTOS DE REFLEXÃO

...uma luz brilhará. Isaías 9:2

[Jesus] que é a Palavra possuía a vida, e sua vida trouxe luz a todos. João 1:4

Jesus voltou a falar ao povo e disse: "Eu sou a luz do mundo. Se vocês me seguirem, não andarão no escuro, pois terão a luz da vida". João 8:12

MOMENTOS DE RENOVAÇÃO

Pai, há tanta escuridão! Às vezes temo que a escuridão me domine. Sê minha grande luz. Brilha em mim com amor radiante.

64

Esperando por uma bênção

Habacuque 1:12–2:4

Um restaurante popular em Bangcog, Tailândia, serve uma sopa, cujo caldo é reabastecido com ingredientes frescos a cada manhã há 45 anos. A tradição do "ensopado perpétuo" é medieval. Assim como o sabor de alguns preparos melhora depois de passados alguns dias, o lento cozimento produz sabores únicos. O restaurante é premiado por servir a sopa mais deliciosa da Tailândia.

As coisas boas muitas vezes levam tempo, mas nossa natureza humana luta com a paciência. A pergunta "Até quando?" ocorre em toda a Bíblia. O profeta Habacuque, cujo nome significa "o que luta corpo a corpo", nos dá um exemplo comovente quando começa seu livro perguntando: "Até quando, Senhor, terei de pedir por socorro?" (Habacuque 1:2). O profeta anunciou o juízo de Deus sobre seu país (Judá) pela invasão do impiedoso Império Babilônico, e lutou com o fato de Deus permitir que pessoas corruptas prosperassem enquanto exploravam outros. Todavia, Deus prometeu esperança e restauração em Seu tempo: "Esta é uma visão do futuro [da ajuda de Deus] [...] e tudo se cumprirá. Se parecer que demora a vir, espere com paciência, pois certamente acontecerá; não se atrasará" (2:3).

O cativeiro babilônico durou 70 anos. Para os padrões humanos é muito tempo, porém Deus é sempre fiel e verdadeiro à Sua Palavra.

As bênçãos de Deus podem tardar, mas mantenha o seu olhar nele! O Senhor prepara Suas bênçãos com perfeita sabedoria e cuidado e esperar por Ele sempre vale a pena.

MOMENTOS DE REFLEXÃO

…espere com paciência, pois certamente acontecerá; não se atrasará. Habacuque 2:3

Escuta minha voz logo cedo, Senhor; toda manhã te apresento meus pedidos e fico à espera. Salmo 5:3

O Senhor é bom para os que dependem dele, para os que o buscam. Portanto, é bom esperar em silêncio pela salvação do Senhor. Lamentações 3:25-26

MOMENTOS DE RENOVAÇÃO

Como Deus a convida a olhar para Ele com expectativa durante este tempo? Peça ao seu Pai celestial a coragem, fé e força para esperar nele, aconteça o que acontecer. Ouça a resposta do Senhor à sua oração.

65

Viver. Orar. Amar.

Romanos 12:9-21

Influenciado por seus pais que eram cristãos fiéis, o astro do atletismo Jesse Owens vivia como um corajoso homem de fé. Durante os Jogos Olímpicos de 1936 em Berlim, Owens, um dos poucos afro-americanos da equipe dos EUA, recebeu quatro medalhas de ouro na presença de nazistas cheios de ódio e de seu líder. Na ocasião, Owens tornou-se amigo do atleta alemão Luz Long. Cercado pela propaganda nazista, o simples ato de Owens viver sua fé impactou a vida de Long. Mais tarde, ele escreveu a Owens: "Naquela hora em Berlim, quando falei com você pela primeira vez, e você estava ajoelhado, percebi que estava orando. Então, acho que posso crer em Deus".

Owens demonstrou como os cristãos podem responder às palavras do apóstolo Paulo: odiando "…tudo que é mau" e amando com "…amor fraternal" (Romanos 12 9-10). Embora ele pudesse ter reagido à maldade ao redor dele com ódio, Owens escolheu viver pela fé e demonstrar amor a um homem que mais tarde se tornaria seu amigo e eventualmente consideraria crer em Deus.

À medida que como povo de Deus nos comprometemos a não parar de orar (v.12), Ele nos capacita a viver "…em harmonia uns com os outros" (v.16).

Quando dependemos da oração, comprometemo-nos a viver nossa fé e a amar todos os que são criados à imagem de Deus. Se clamarmos a Deus, Ele nos ajudará a derrubar as barreiras e a construir "pontes de paz" com o nosso próximo.

MOMENTOS DE REFLEXÃO

Amem as pessoas sem fingimento. Odeiem tudo que é mau. Apeguem-se firmemente ao que é bom. Amem-se com amor fraternal e tenham prazer em honrar uns aos outros. Romanos 12:9-10

Portanto, não avaliamos mais ninguém do ponto de vista humano. [...] Logo, todo aquele que está em Cristo se tornou nova criação. A velha vida acabou, e uma nova vida teve início! E tudo vem de Deus, aquele que nos trouxe de volta para si por meio de Cristo e nos encarregou de reconciliar outros com ele. 2 Coríntios 5:16-18

...eu lhes dou um novo mandamento: Amem uns aos outros. João 13:34

MOMENTOS DE RENOVAÇÃO

Pai, por favor, fortalece-nos para nos unirmos em oração, totalmente comprometidos em amar os outros e viver em paz.

66

Quando louvamos

Atos 16:25-34

Quando Guilherme, 9, foi sequestrado do jardim de sua casa em 2014, ele cantou sua música gospel favorita, "Todo o louvor", repetidamente. Durante a provação de três horas, Gui ignorou as ordens do sequestrador para silenciar enquanto rodavam. Finalmente, o sequestrador o deixou sair do carro ileso. Mais tarde, Guilherme descreveu o ocorrido dizendo que, enquanto sua fé vencia o medo, a música parecia incomodar o raptor.

A reação do menino à sua terrível situação lembra-nos da experiência compartilhada por Paulo e Silas. Depois de serem açoitados e jogados na prisão, eles "oravam e cantavam hinos a Deus, e os outros presos ouviam. De repente, houve um forte terremoto, e até os alicerces da prisão foram sacudidos. No mesmo instante, todas as portas se abriram e as correntes de todos os presos se soltaram" (Atos 16:25-26). Ao testemunhar tamanho poder, o carcereiro creu no Deus de Paulo e Silas, e "ele e todos os seus foram batizados" (vv.27-34). Naquela noite, foram quebradas correntes físicas e espirituais.

Nem sempre podemos experimentar um resgate visivelmente dramático como o de Paulo e Silas, ou o de Guilherme. Mas sabemos que Deus responde aos louvores do Seu povo! Quando Ele se move, as correntes se soltam.

MOMENTOS DE REFLEXÃO

No mesmo instante, todas as portas se abriram e as correntes de todos os presos se soltaram. Atos 16:26

Quando eu estava angustiado, eles me atacaram, mas o Senhor me sustentou. Ele me levou a um lugar seguro e me livrou porque se agrada de mim. Salmo 18:18-19

"Tu és digno, ó Senhor e nosso Deus, de receber glória, honra e poder. Pois criaste todas as coisas, e elas existem porque as criaste segundo a tua vontade". Apocalipse 4:11

MOMENTOS DE RENOVAÇÃO

Dedique alguns momentos para louvar a Deus da maneira que mais gosta: seja ouvindo músicas de adoração, registrando suas orações ou saindo para contemplar a Sua criação. Ao fazer isso, receba a alegria que vem do Senhor em sua adoração e em seu interior.

67

Lamento da misericórdia

Lamentações 2:10-13,18-19

O pai da garota culpava a feitiçaria por sua doença. Era AIDS. Quando ele morreu, sua filha, Márcia, de 10 anos, ficou ainda mais próxima de sua mãe. Mas a mãe também estava doente e, três anos depois também morreu. A partir daí a irmã de Márcia criou os cinco irmãos. Foi quando Márcia começou a escrever um diário relatando o seu sofrimento.

O profeta Jeremias também manteve um registro da sua dor. No sombrio livro de Lamentações, ele escreveu sobre as atrocidades cometidas pelo exército babilônico ao povo de Judá. O coração de Jeremias estava especialmente triste pelas vítimas mais jovens. "Meu espírito se derrama de angústia", lamentou, "quando vejo a calamidade de meu povo. Crianças pequenas e bebês desfalecem e morrem nas ruas" (Lamentações 2:11). O povo de Judá tinha o histórico de ignorar a Deus, mas seus filhos também estavam pagando o preço: morriam "…lentamente nos braços maternos" (v.12).

Poderíamos esperar que Jeremias rejeitasse a Deus diante de tal sofrimento. Porém, ele pediu aos sobreviventes: "Derramem como água o coração diante do Senhor. Levantem as mãos em oração e supliquem por seus filhos…" (v.19).

É bom, como Márcia e Jeremias, derramar o nosso coração a Deus. O lamento é uma parte crucial do ser humano. Mesmo quando Deus permite tamanha dor, Ele chora conosco. Como somos feitos à Sua imagem, Ele deve se lamentar também!

MOMENTOS DE REFLEXÃO

Levantem-se no meio da noite e clamem, derramem como água o coração diante do Senhor... Lamentações 2:19

Jesus chorou. João 11:35

...Meu coração está dilacerado, e minha compaixão transborda. Oseias 11:8

MOMENTOS DE RENOVAÇÃO

Se estiver em um período de lamentação, apresente abertamente a sua dor ao bondoso Deus. Ouça a Sua amorosa resposta.

68

Cada fôlego

Ezequiel 37:1-3, 7-10, 14

Quando Tee Unn contraiu uma doença rara e autoimune, que enfraqueceu todos os seus músculos e quase o matou, ele percebeu que ser capaz de respirar era um presente. Por mais de uma semana, uma máquina teve que bombear ar para os pulmões dele, a cada poucos segundos, e isso era uma parte dolorosa de seu tratamento.

Ele teve uma recuperação milagrosa e hoje ele se lembra de não reclamar dos desafios da vida dizendo: "Respiro profundamente e agradeço a Deus por esse privilégio".

Como é fácil nos concentrarmos no que precisamos ou queremos e nos esquecermos de que às vezes as menores coisas da vida podem ser os maiores milagres. Na visão do profeta (Ezequiel 37:1-14), Deus lhe mostrou que somente Ele poderia dar vida aos ossos secos. Depois tendões, carne e pele apareceram, "mas ainda não respiravam" (v.8). Foi somente quando Deus lhes soprou fôlego de vida que eles puderam viver novamente (v.10).

Esta visão ilustra a promessa de Deus de restaurar Israel da devastação. Também pode ser um lembrete de que tudo o que tenho, grande ou pequeno, é inútil, a menos que Deus me conceda o fôlego.

Que tal agradecer hoje a Deus pelas bênçãos mais simples da vida? Em meio à luta diária, vamos parar ocasionalmente para respirar fundo e que "Tudo que respira louve ao Senhor!" (Salmo 150:6).

MOMENTOS DE REFLEXÃO

...o SENHOR Deus formou o homem do pó da terra. Soprou o fôlego da vida em suas narinas, e o homem se tornou ser vivo. Gênesis 2:7

Soprarei meu espírito e os trarei de volta à vida! Ezequiel 37:5

[Jesus] disse: "Paz seja com vocês! Assim como o Pai me enviou, eu os envio". Então soprou sobre eles e disse: "Recebam o Espírito Santo". João 20:21-22

MOMENTOS DE RENOVAÇÃO

Pai, sou grata por cada respiração que Tu me deste. Sou grata pelas menores coisas da vida e pelos maiores milagres da vida.

69

Facilmente emaranhado

Hebreus 2:17-18; 12:1-2

Anos atrás, uns soldados que lutavam numa selva mormacenta encontraram um problema frustrante. Sem aviso, uma trepadeira espinhosa e invasiva se grudava ao corpo e aos equipamentos deles, prendendo-os. Enquanto lutavam para se libertar, mais tentáculos da planta os enredavam. Os soldados apelidaram a erva daninha de "espere-um-pouco" porque, uma vez entrelaçados e incapazes de seguir em frente, eram forçados a gritar para outros membros da equipe: "Ei, esperem um pouco, estou preso!".

De maneira semelhante, é difícil para os cristãos seguirem em frente quando estão emaranhados pelo pecado. A Bíblia alerta para nos livrarmos "de todo peso que nos torna vagarosos e do pecado que nos atrapalha" e a corrermos "com perseverança" (Hebreus 12:1). Mas como lançamos fora o pecado que pesa sobre nós?

Jesus é o único que pode nos libertar do pecado sempre presente em nossa vida. Que aprendamos a manter o nosso olhar firme nele, nosso Salvador (Hebreus 12:2). Porque o Filho de Deus se tornou "semelhante a seus irmãos em todos os aspectos", Ele sabe o que é ser tentado — "mas nunca pecou" (2:17-18; 4:15). Sozinhos, podemos estar desesperadamente emaranhados em nosso próprio pecado, mas Deus quer que superemos a tentação. Não é na nossa própria força, mas na Sua, que podemos "nos livrar" do pecado que nos enreda e buscar a Sua justiça (1 Coríntios 10:13).

MOMENTOS DE REFLEXÃO

...e corramos com perseverança a corrida que foi posta diante de nós. Mantenhamos o olhar firme em Jesus, o líder e aperfeiçoador de nossa fé. Hebreus 12:1-2

Deus é fiel, e ele não permitirá tentações maiores do que vocês podem suportar. Quando forem tentados, ele mostrará uma saída para que consigam resistir. 1 Coríntios 10:13

Portanto, [Jesus] é capaz de salvar de uma vez por todas aqueles que se aproximam de Deus por meio dele. Ele vive sempre para interceder em favor deles. Hebreus 7:25

MOMENTOS DE RENOVAÇÃO

Jesus, peço Tua ajuda para mudar meu coração e meus hábitos, sabendo que é somente pela Tua força, não pela minha, que posso vencer o pecado que me oprime. Sou grata por Tua graça e amor ilimitados.

70

Dívidas canceladas

Deuteronômio 15:1-8

Em 2009, a cidade de Los Angeles, EUA, parou de cobrar das famílias os custos relativos ao encarceramento de seus filhos. Embora eles não cobrem novas taxas, quem já devia antes dessa mudança na política ainda devia quitar seus débitos. Porém, em 2018, o município cancelou todas as obrigações financeiras pendentes.

Para algumas famílias, o cancelamento da dívida ajudou muito na luta pela sobrevivência; pois já não tinham esse ônus sobre sua propriedade ou descontos nos salários. Isso significava que podiam colocar mais alimento sobre a mesa. Foi por esse tipo de dificuldades que o Senhor pediu que as dívidas fossem perdoadas a cada sete anos (Deuteronômio 15:2). Ele não queria que as pessoas fossem prejudicadas por dívidas para sempre.

Os israelitas eram proibidos de cobrar juros sobre empréstimos aos seus conterrâneos (Êxodo 22:25). Seus motivos para emprestarem a um vizinho não era o lucro, mas para ajudar os que passavam por tempos difíceis, talvez devido à colheita ruim. As dívidas deveriam ser livremente perdoadas a cada sete anos. Consequentemente haveria menos pobreza entre as pessoas (v.4).

Hoje, os que creem em Jesus não estão mais sujeitos a essa lei. Mas Deus pode nos induzir a perdoar uma dívida de alguém que luta para recomeçar como membro participativo da sociedade. Quando demonstramos tal misericórdia e generosidade aos outros, enaltecemos o caráter de Deus e damos esperança às pessoas.

MOMENTOS DE REFLEXÃO

...chegou o tempo do Senhor para liberá-los das dívidas. Deuteronômio 15:2

Então Pedro se aproximou de Jesus e perguntou: "Senhor, quantas vezes devo perdoar alguém que peca contra mim? Sete vezes?". Jesus respondeu: "Não sete vezes, mas setenta vezes sete." Mateus 18:21-22

Se alguém tem recursos suficientes para viver bem e vê um irmão em necessidade, mas não mostra compaixão, como pode estar nele o amor de Deus? 1 João 3:17

MOMENTOS DE RENOVAÇÃO

Pergunte a Deus como Ele deseja que você pratique a generosidade com as bênçãos que você tem recebido dele. Ouça a amorosa resposta do Senhor.

71

Mantenham-se vigilantes!

Mateus 26:36-46

O funcionário de um banco alemão estava transferindo €62,40 (euros) para a conta bancária de um cliente quando acidentalmente cochilou. Seu dedo estava na tecla "2", causando a transferência de 222 milhões de euros (300 milhões de dólares). As consequências do erro incluíram a demissão desse funcionário quando o seu colega detectou a transferência equivocada. Embora o erro tenha sido pego e corrigido em tempo hábil, a falta de atenção do funcionário que estava sonolento quase se tornou um pesadelo para o banco.

Jesus avisou os Seus discípulos que caso não permanecessem alertas, também cometeriam um erro caro. Jesus os levou a um lugar chamado Getsêmani para que orassem por algum tempo. Enquanto orava, Jesus experimentou tristeza e angústia como nunca antes em Sua vida terrena. Jesus pediu a Pedro, Tiago e João para ficarem acordados para orar e vigiar com Ele (Mateus 26:38), mas eles adormeceram (vv.40-41). O fato de dormirem os deixaria indefesos quando a tentação de negar o Mestre surgisse. Na hora da maior necessidade de Cristo, os discípulos não tiveram a vigilância espiritual necessária.

Que possamos ouvir as palavras de Jesus para permanecer espiritualmente acordados, dedicando-nos a investir mais tempo com Ele em oração. Fazendo isso, o Senhor nos fortalecerá para resistir a todos os tipos de tentações e evitar o caro erro de negar a Jesus.

MOMENTOS DE REFLEXÃO

Vigiem e orem para que não cedam à tentação, pois o espírito está disposto, mas a carne é fraca. Mateus 26:41

Estejam atentos! Tomem cuidado com seu grande inimigo, o diabo, que anda como um leão rugindo à sua volta, à procura de alguém para devorar. 1 Pedro 5:8

Portanto, vistam toda a armadura de Deus, para que possam resistir ao inimigo no tempo do mal. Então, depois da batalha, vocês continuarão de pé e firmes. Efésios 6:13

MOMENTOS DE RENOVAÇÃO

Pergunte a Deus se há uma área de sua vida em que esteja espiritualmente adormecida.

72

Não haverá medo

Sofonias 3:9-17

Quando a polícia etíope a encontrou uma semana depois de seu sequestro, três leões de juba negra a cercavam, protegendo-a como se ela lhes pertencesse. A menina de 12 anos tinha sido raptada, levada à floresta e agredida por sete homens. Milagrosamente porém, uma pequena alcateia de leões ouviu os gritos dela e afugentou os atacantes. Wondimu, o sargento da polícia, disse a um repórter que os leões a protegeram até que a polícia a encontrasse e então a deixaram como um presente antes de voltarem ao interior da floresta.

Há dias em que a violência e o mal, como o que foi infligido a essa jovem, nos dominam e nos deixam sem esperança e aterrorizados. O povo de Judá experimentou isso quando foi invadido por exércitos cruéis, sentindo-se incapaz de imaginar qualquer possibilidade de fuga. O medo os consumiu. No entanto, Deus sempre renovou Sua contínua presença: "O Senhor, o rei de Israel, estará em seu meio, e você nunca mais temerá a calamidade" (Sofonias 3:15). Mesmo quando as catástrofes são o resultado de nossa rebelião, Deus ainda vem nos socorrer: "...o Senhor, seu Deus, está em seu meio; ele é um Salvador poderoso" (v.17).

Quaisquer que sejam os problemas que nos atingem, sejam quais forem os males, Jesus — o Leão de Judá — está conosco (Apocalipse 5:5). Não importa o quão sós nos sentimos, nosso poderoso Salvador está conosco. Não importa quais medos nos assolam, nosso Deus nos assegura de que Ele está ao nosso lado.

MOMENTOS DE REFLEXÃO

Comerão e dormirão em segurança, e não haverá quem os atemorize. Sofonias 3:13

Judá, meu filho, é um leão novo que acabou de comer sua presa. Como o leão, ele se agacha, e como a leoa, se deita; quem tem coragem de acordá-lo? O cetro não se afastará de Judá, nem o bastão de autoridade de seus descendentes, até que venha aquele a quem pertence, aquele que todas as nações honrarão. Gênesis 49:9-10

Em sua aflição, clamaram ao Senhor, e ele os livrou de seus sofrimentos. Salmo 107:6

MOMENTOS DE RENOVAÇÃO

Deus poderoso e guerreiro, preciso de ti e da Tua presença para ajudar-me a superar meus medos. Escolho confiar em ti.

73

Água onde precisamos

João 4:7-14

O vasto e magnífico Lago Baikal contém 20% de toda a água doce superficial do mundo e é considerado o mais profundo. Ele tem mais de 1.600 m de profundidade e 636 km de comprimento por 79 km de largura. Mas a água é quase inacessível, pois o lago está localizado na Sibéria, uma das zonas mais remotas da Rússia. Com a água tão desesperadamente necessária em grande parte do planeta, é irônico que esse vasto suprimento hídrico se situe num lugar onde poucas pessoas têm acesso.

Embora o Lago Baikal seja tão distante, há uma fonte de água viva e infinita disponível e acessível àqueles que mais precisam. Quando Jesus aproximou-se de um poço em Samaria, Ele iniciou uma conversa com uma mulher, esquadrinhando os limites de sua profunda sede espiritual. Qual era a solução para as necessidades dela? O próprio Jesus.

Ele lhe ofereceu algo melhor do que a água que ela tinha ido buscar naquele poço dizendo: "Quem bebe desta água logo terá sede outra vez, mas quem bebe da água que eu dou nunca mais terá sede. Ela se torna uma fonte que brota dentro dele e lhe dá a vida eterna" (João 4:13-14).

Muitas coisas prometem trazer satisfação, mas nunca saciam plenamente o nosso coração sedento. Somente Jesus pode realmente satisfazer a nossa sede espiritual, e a Sua provisão está disponível para todos, em todos os lugares.

MOMENTOS DE REFLEXÃO

Jesus respondeu: "Quem bebe desta água logo terá sede outra vez, mas quem bebe da água que eu dou nunca mais terá sede. Ela se torna uma fonte que brota dentro dele e lhe dá a vida eterna". João 4:13-14

Alguém tem sede? Venha e beba... Isaías 55:1

Com alegria vocês beberão das fontes da salvação. Isaías 12:3

MOMENTOS DE RENOVAÇÃO

Pai, obrigado pela vida que me deste e pelo propósito e significado que me dás. Ensina-me a encontrar a minha verdadeira satisfação em ti e no Teu amor.

74

A alegria que vem de Deus

Provérbios 15:13-15, 30

Quando Mariana está diante de outras pessoas, ela sempre tenta sorrir para os outros. Essa é sua maneira de aproximar-se de quem talvez precise de um rosto amigável. A maioria das vezes, ela recebe em troca um sorriso genuíno. Mas, por certo tempo, Mariana se obrigou a usar uma máscara facial e ela percebeu que as pessoas já não conseguiam ver a sua boca, tampouco o seu sorriso. E, pensou: "Que triste! Mas não vou parar. Talvez eles vejam nos meus olhos que estou sorrindo".

Na verdade, há um pouco de ciência por detrás dessa ideia dela. Os músculos dos cantos da boca e os que fazem os olhos enrugar podem mover-se juntos. Isso se chama de sorriso *Duchenne* e é descrito como "sorrir com os olhos".

Provérbios nos lembra de que "o olhar animador alegra o coração" e "o coração alegre é um bom remédio" (15:30; 17:22). Muito frequentemente, os sorrisos dos filhos de Deus provêm da alegria sobrenatural que possuímos. É uma dádiva de Deus que nos é derramada regularmente, à medida que encorajamos as pessoas que carregam fardos pesados ou compartilhamos com os que buscam respostas às questões da vida. Mesmo quando sofremos, podemos refletir a nossa alegria no Senhor.

Quando a vida lhe parecer escura, escolha a alegria. Permita que o seu sorriso seja uma janela de esperança refletindo o amor de Deus e a luz da Sua presença em sua vida.

MOMENTOS DE REFLEXÃO

O Senhor é minha força e meu escudo; confio nele de todo o coração. Ele me ajuda, e meu coração se enche de alegria; por isso lhe dou graças com meus cânticos. Salmo 28:7

Mantenhamos o olhar firme em Jesus, o líder e aperfeiçoador de nossa fé. Por causa da alegria que o esperava, ele suportou a cruz sem se importar com a vergonha. Agora ele está sentado no lugar de honra à direita do trono de Deus. Hebreus 12:2

O coração alegre é um bom remédio... Provérbios 17:22

MOMENTOS DE RENOVAÇÃO

Peça a Deus para restaurar uma área de sua vida na qual você se sente esgotada ou sem energia. Ouça a carinhosa resposta que o Senhor lhe dá.

75

A escola da dor

Salmo 119:65-80

Em seu livro "O problema da dor" (Thomas Nelson Brasil, 2021), C. S. Lewis observa que Deus sussurra para nós em nossos prazeres, fala em nossa consciência, mas grita em nossas dores: é Seu megafone para despertar um mundo surdo. O sofrimento muitas vezes nos ajuda a redirecionar a nossa atenção. Isso muda nosso pensamento das circunstâncias imediatas para que possamos ouvir Deus a respeito de Sua obra em nossa vida. Como sempre, a vida normal é substituída por uma sala de aula espiritual.

No Antigo Testamento, lemos como o salmista manteve o seu coração aberto para aprender mesmo durante as circunstâncias dolorosas. Ele aceitou a dor como vinda de Deus e, em submissão, orou: "me disciplinaste por tua fidelidade" (Salmo 119:75). O profeta Isaías via o sofrimento como um processo de refinamento: "Eu os purifiquei, não como a prata é purificada, mas na fornalha do sofrimento" (Isaías 48:10). E Jó, apesar de seus lamentos, aprendeu sobre a soberania e a grandeza de Deus por meio de seus problemas (Jó 40-42).

Não estamos sozinhos em nossa experiência de dor. O próprio Deus assumiu a forma humana e sofreu muito: "Porque Deus os chamou para fazerem o bem, mesmo que isso resulte em sofrimento, pois Cristo sofreu por vocês. Ele é seu exemplo; sigam seus passos" (1 Pedro 2:21). Aquele com mãos marcadas por pregos está próximo. Ele nos consolará e nos ensinará em nosso sofrimento.

MOMENTOS DE REFLEXÃO

...me disciplinaste por tua fidelidade. Salmo 119:75

Eu os purifiquei, não como a prata é purificada, mas na fornalha do sofrimento. Isaías 48:10

Perguntaste: "Quem é esse que, com tanta ignorância, questiona minha sabedoria?". Sou eu; falei de coisas de que eu não entendia, coisas maravilhosas demais que eu não conhecia. Jó 42:3

MOMENTOS DE RENOVAÇÃO

Pai, confesso que nem sempre vejo Teu propósito em minhas provações. Ajuda-me a confiar em ti e torna-me cada vez mais semelhante a ti.

76

Ouvindo-nos do Céu

1 Reis 8:37-45

O pequeno Marcos, 18 meses, nunca tinha ouvido a voz de sua mãe. Ao receber seu primeiro aparelho auditivo, sua mãe Laura lhe perguntou: "Você me ouve?". Os olhos da criança se iluminaram. "Oi, filho!" Marcos sorriu e respondeu com murmúrios. Chorando, a mãe reconheceu que estava diante de um milagre. O bebê nasceu prematuramente depois que homens armados atiraram três vezes na sua mãe durante uma invasão domiciliar aleatória. Pesando apenas 1 quilo, o bebê passou 158 dias na UTI. Não se esperava que sobrevivesse, muito menos que ouvisse.

Essa comovente história pode nos lembrar de que Deus nos ouve. Em tempos preocupantes, o rei Salomão orou com fervor aos ouvidos afinados de Deus. Quando não havia chuva (1 Reis 8:35), quando havia fome, peste ou praga, desastre ou epidemia (v.37), lutas contra inimigos (v.44) e até mesmo pecado, Salomão orou: "Ouve dos céus suas orações e defende sua causa" (v.45).

Em Sua bondade, Deus respondeu com uma promessa que ainda agita o nosso coração: "então, se meu povo, que se chama pelo meu nome, humilhar-se e orar, buscar minha presença e afastar-se de seus maus caminhos, eu os ouvirei dos céus, perdoarei seus pecados e restaurarei sua terra" (2 Crônicas 7:14). O Céu pode parecer um lugar muito distante. No entanto, Jesus está com aqueles que acreditam nele. Deus ouve as nossas orações e as responde.

MOMENTOS DE REFLEXÃO

[Deus] ouve dos céus suas orações e defende sua causa. 1 Reis 8:45

Então, se meu povo, que se chama pelo meu nome, humilhar-se e orar, buscar minha presença e afastar-se de seus maus caminhos, eu os ouvirei dos céus, perdoarei seus pecados e restaurarei sua terra. 2 Crônicas 7:14

…pois eu sou o Senhor que os cura. Êxodo 15:26

MOMENTOS DE RENOVAÇÃO

Pai, sou grata pois ouves meu humilde clamor durante minhas lutas e problemas mais difíceis.

77

Imaginem isto!

Isaías 65:17-25

Em um conhecido programa de TV sobre a restauração e renovação de casas, os telespectadores ouvem a anfitriã dizer: "Imaginem isto!". Depois ela demonstra como poderá ficar quando tudo for restaurado e as paredes e o chão tiverem sido pintados ou recobertos. Num desses episódios, a proprietária da casa ficou tão radiante com o resultado que dentre outras expressões de contentamento, dos seus lábios escaparam três vezes as palavras: "Ficou lindo!".

Uma passagem bíblica surpreendente, do tipo "Imaginem isto!", se encontra em Isaías 65:17-25. Que cena deslumbrante da recriação! A futura renovação do Céu e da Terra está por acontecer (v.17), e não será de simples embelezamento. É profunda e real, transformadora e preservadora da vida. "...habitarão nas casas que construíram e comerão dos frutos de suas próprias videiras" (v.21). A violência será uma coisa do passado: "Em meu santo monte, ninguém será ferido nem destruído" (v.25).

Enquanto as reviravoltas previstas em Isaías 65 acontecerão no futuro, o Deus que orquestrará esta restauração universal está transformando vidas hoje. O apóstolo Paulo nos assegura: "Logo, todo aquele que está em Cristo se tornou nova criação. A velha vida acabou, e uma nova vida teve início!" (2 Coríntios 5:17). Você precisa de restauração? Será que a sua vida foi danificada pela dúvida, desobediência e dor? A transformação que Jesus oferece é verdadeira, bela e disponível aos que o buscam e creem nele.

MOMENTOS DE REFLEXÃO

Vejam! Crio novos céus e nova terra, e ninguém mais pensará nas coisas passadas. Isaías 65:17

Ouvi uma forte voz que vinha do trono e dizia: "Vejam, o tabernáculo de Deus está no meio de seu povo! Deus habitará com eles, e eles serão seu povo. O próprio Deus estará com eles. Ele lhes enxugará dos olhos toda lágrima, e não haverá mais morte, nem tristeza, nem choro, nem dor. Todas essas coisas passaram para sempre". Apocalipse 21:3-4

Logo, todo aquele que está em Cristo se tornou nova criação. 2 Coríntios 5:17

MOMENTOS DE RENOVAÇÃO

Fale com Deus sobre uma área de sua vida em que você sofre e veja como Ele pode trazer restauração e cura. Ouça a resposta amorosa do Senhor para você.

78

O amor de Deus é mais forte

Cântico dos Cânticos 8:4-7

Em 2020, no meio da noite, Alyssa Mendoza recebeu um surpreendente e-mail do seu pai. O texto trazia instruções sobre o que ela deveria fazer por sua mãe nas bodas de prata dos seus pais. Por que isso foi chocante? O pai dela tinha falecido 10 meses antes. Alyssa descobriu que o pai, enquanto estava doente, percebeu que poderia não estar presente. Ele tinha agendado o e-mail e pago o envio de flores para a sua mulher nos aniversários futuros e Dia dos Namorados.

Essa história poderia constituir um exemplo do tipo de amor descrito em detalhes no livro da Bíblia, Cântico dos Cânticos. "Pois o amor é forte como a morte, e o ciúme, exigente como a sepultura" (8:6). Comparar túmulos e morte ao amor parece estranho, mas ambos são fortes porque não desistem dos seus cativos. No entanto, nem o amor verdadeiro desistirá da pessoa amada. O capítulo 8 atinge o seu auge nos versículos 6 e 7, descrevendo o amor conjugal como algo tão forte que até mesmo as "muitas águas não o podem apagar" (v.7).

Ao longo da Bíblia, o amor entre marido e mulher é comparado ao amor de Deus (Isaías 54:5; Efésios 5:25; Apocalipse 21:2). Jesus é o Noivo e a Igreja, a Sua noiva. Deus demonstrou o Seu amor por nós enviando Cristo para enfrentar a morte para que não tivéssemos de morrer pelos nossos pecados (João 3:16). Quer sejamos casadas ou solteiras, podemos recordar que o amor de Deus é mais forte do que qualquer coisa que possamos imaginar.

MOMENTOS DE REFLEXÃO

Coloque-me como selo sobre seu coração, como selo sobre seu braço. Pois o amor é forte como a morte, e o ciúme, exigente como a sepultura. O amor arde como fogo, como as labaredas mais intensas. Cântico dos Cânticos 8:6

Pois seu marido será aquele que a fez; o Senhor dos Exércitos é seu nome. Isaías 54:5

E vi a cidade santa, a nova Jerusalém, que descia do céu, da parte de Deus, como uma noiva belamente vestida para seu marido. Apocalipse 21:2

MOMENTOS DE RENOVAÇÃO

Diga a Jesus que você o ama. Ouça a resposta dele aos seus anseios.

79

O relógio que faz tique-taque

Salmo 37:1-7

Os trabalhadores estavam cortando o gelo de um lago congelado e armazenando-o numa câmara fria quando um deles percebeu que havia perdido o relógio naquele local isolado. Ele e seus amigos o procuraram em vão. Quando eles desistiram, um menino que os viu sair entrou no local e logo apareceu com o relógio. Questionado sobre como o havia encontrado, ele respondeu: "Simplesmente me sentei e fiquei quieto e logo pude ouvir o tique-taque".

A Bíblia revela muito sobre o valor do silêncio. E não é de admirar, pois às vezes Deus fala em sussurros (1 Reis 19:12). Nas ocupações da vida, pode ser difícil ouvi-lo. Entretanto, se nós pararmos de correr e investirmos algum tempo em silêncio com Ele e Sua Palavra, poderemos ouvir Sua voz gentil em nossos pensamentos.

Os versículos registrados em Salmo 37:1-7 nos garantem que podemos confiar em Deus para nos resgatar dos "planos maldosos" de pessoas más, dar-nos refúgio e nos ajudar a permanecer fiéis. Mas como podemos fazer isso quando a turbulência está ao nosso redor?

Veja isto: "Aquiete-se na presença do SENHOR, espere nele com paciência" (v.7). Podemos começar, aprendendo a ficar em silêncio por alguns minutos, após a oração. Outra maneira é ler a Bíblia em silêncio e permitir que a Palavra de Deus penetre em nosso coração. E então, talvez, ouviremos Sua sabedoria falando conosco, silenciosa e firme como a constância do relógio.

MOMENTOS DE REFLEXÃO

Depois do terremoto houve fogo, mas o S<small>ENHOR</small> não estava no fogo. E, depois do fogo, veio um suave sussurro. 1 Reis 19:12

Aquiete-se na presença do S<small>ENHOR</small>, espere nele com paciência. Salmo 37:7

Entregue seu caminho ao S<small>ENHOR</small>; confie nele, e ele o ajudará. Tornará sua inocência radiante como o amanhecer, e a justiça de sua causa, como o sol do meio-dia. Salmo 37:5-6

MOMENTOS DE RENOVAÇÃO

Pai, acalma o meu coração, mente e alma para que eu possa ouvir o Teu sussurro gentil em minha vida.

80

Nossa defesa divina

Neemias 4:7-18

Os trabalhadores israelitas, supervisionados por Neemias, reconstruíram o muro ao redor de Jerusalém. Todavia, quando estavam quase terminando, eles descobriram que os seus inimigos conspiravam para atacar Jerusalém. Esta notícia desmotivou os trabalhadores já exaustos.

Neemias tinha de fazer algo. Primeiramente, ele orou e colocou muitos guardas em locais estratégicos. Em seguida, armou os seus trabalhadores: "Os trabalhadores prosseguiram com a obra; com uma das mãos levavam as cargas, enquanto, com a outra, seguravam uma arma. Todos os construtores tinham uma espada presa à cintura..." (Neemias 4:17-18).

Nós, que estamos construindo o reino de Deus, precisamos nos armar contra o ataque do nosso inimigo espiritual, Satanás. Nossa proteção é "a espada do Espírito: que é a Palavra de Deus" (Efésios 6:17). Memorizá-la e meditar sobre ela nos capacita a "...permanecer firmes contra as estratégias do diabo" (v.11). Se pensamos que trabalhar para Deus não tem importância, devemos então voltar-nos à promessa de que o que fazemos para Jesus durará eternamente (1 Coríntios 3:11-15). Se temermos que tenhamos pecado demasiadamente para que Deus nos use, precisamos nos lembrar de que fomos perdoados pelo poder do sangue de Jesus (Mateus 26:28). E, se nos preocupamos com a possibilidade de falhar se tentarmos servir a Deus, podemos relembrar que Jesus disse que daremos frutos se permanecermos nele (João 15:5).

A Palavra de Deus é a nossa defesa divina!

MOMENTOS DE REFLEXÃO

Usem a salvação como capacete e empunhem a espada do Espírito, que é a palavra de Deus. Efésios 6:17

Os trabalhadores prosseguiram com a obra; com uma das mãos levavam as cargas, enquanto, com a outra, seguravam uma arma. Todos os construtores tinham uma espada presa à cintura. Neemias 4:17-18

Pois ninguém pode lançar outro alicerce além daquele que já foi posto, isto é, Jesus Cristo. Aqueles que constroem sobre esse alicerce podem usar vários materiais: ouro, prata, pedras preciosas, madeira, feno ou palha. No dia do juízo, porém, o fogo revelará que tipo de obra cada construtor realizou, e o fogo mostrará se a obra tem algum valor. 1 Coríntios 3:11-13

MOMENTOS DE RENOVAÇÃO

Pai, a Tua Palavra é viva e eficaz. Por favor, ajuda-me a lembrar disto quando estiver preocupada ou com medo, necessitando encorajamento e inspiração.

81

Brilhar por Jesus

Mateus 5:13-16

Estêvão dizia aos pais que precisava chegar cedo à escola todos os dias, mas, por alguma razão, nunca lhes explicou sobre a importância disso. Os pais sempre garantiam que ele chegasse às 7h15 da manhã.

No primeiro ano de Ensino Fundamental, Estêvão sofreu um acidente de carro que, infelizmente, tirou sua vida. Mais tarde, sua mãe e seu pai descobriram o motivo de ele ir tão cedo à escola. Todas as manhãs, ele e alguns amigos se reuniam na entrada da escola para receber os colegas com um sorriso, um aceno e uma palavra amável. Isso permitia que todos os alunos, mesmo os impopulares, sentissem-se bem-vindos e aceitos.

Estêvão conhecia e confiava em Jesus e queria compartilhar a alegria do Senhor com os que precisavam dela desesperadamente. O exemplo dele é um lembrete de que uma das melhores maneiras de brilhar a luz do amor de Cristo é por meio de gestos de bondade e do espírito acolhedor.

Em Mateus 5:14-16, Jesus revela que nele somos "a luz do mundo" e "uma cidade construída no alto de um monte" (v.14). As cidades antigas eram frequentemente construídas com calcário branco e destacavam-se enquanto refletiam o sol escaldante. Que escolhamos não ficar escondidos, mas brilhar por Cristo "a todos os que estão na casa" (v.15).

E quando deixarmos as nossas boas obras brilharem diante dos outros (v.16), que estes também possam experimentar o amor acolhedor de Cristo.

MOMENTOS DE REFLEXÃO

Vocês são a luz do mundo. É impossível esconder uma cidade construída no alto de um monte. Não faz sentido acender uma lâmpada e depois colocá-la sob um cesto. Pelo contrário, ela é colocada num pedestal, de onde ilumina todos que estão na casa. Mateus 5:14-15

Os sábios brilharão intensamente como o esplendor do céu, e os que conduzem muitos à justiça resplandecerão como estrelas, para sempre. Daniel 12:3

Jesus lhes disse: "Sigam-me, e eu farei de vocês pescadores de gente". Mateus 4:19

MOMENTOS DE RENOVAÇÃO

Pergunte ao Espírito Santo sobre como você pode acolher alguém que esteja sozinho ou carente de ajuda, e espere pela resposta dele a você.

82

Influência invisível

1 Tessalonicenses 5:16-24

Numa galeria de arte vi uma obra-prima chamada "O Vento", de Felix Vallotton. Essa pintura a óleo sobre tela mostrava a imagem dinâmica de uma tempestade atingindo uma floresta com a força de um furacão: atingidas pelos ventos que vinham de uma mesma direção, as árvores altas e finas e os arbustos se inclinavam na mesma direção.

De maneira muito mais poderosa, o Espírito Santo é capaz de direcionar os cristãos em direção à bondade e à verdade divina. Quando seguimos o Espírito, podemos esperar nos tornarmos mais corajosos e mais amorosos. Também nos tornaremos mais atentos sobre como lidar com os nossos desejos (2 Timóteo 1:7).

Em algumas situações, no entanto, o Espírito nos encoraja para que cresçamos e sejamos transformados espiritualmente, mas reagimos com um "não". Recusar continuamente essa convicção é o que as Escrituras chamam de "[apagar] o Espírito" (1 Tessalonicenses 5:19). Com o passar do tempo, as coisas que uma vez considerávamos erradas não parecem mais ser tão más.

Quando o nosso relacionamento com Deus parece distante e desconectado, isso pode significar que a convicção do Espírito tenha sido repetidamente ignorada. Quanto mais tempo isso durar, mais difícil será para nós vermos a raiz do problema. Felizmente, podemos orar e pedir a Deus para nos mostrar o nosso pecado. Se nos afastarmos do pecado e, com novo compromisso, voltarmos ao Senhor, Deus nos perdoará e reavivará o poder e a influência de Seu Espírito em nós.

MOMENTOS DE REFLEXÃO

Não apaguem o Espírito. 1 Tessalonicenses 5:19

Pois Deus não nos deu um Espírito que produz temor e covardia, mas sim que nos dá poder, amor e autocontrole. 2 Timóteo 1:7

[Eli] disse a Samuel: "Vá e deite-se novamente. Se alguém o chamar, diga: 'Fala, Senhor, pois teu servo está ouvindo'". E Samuel voltou para a cama. Então o Senhor veio e o chamou, como antes: "Samuel! Samuel!". 1 Samuel 3:9-10

MOMENTOS FOR RENOVAÇÃO

Pai, mostra-me como tenho resistido ao Teu Espírito Santo. Ajuda-me a ouvir-te quando falas. Desejo estar novamente em Tua presença.

83

Navegar nas tempestades da vida

Salmo 43

O pequeno avião pilotado por John F. Kennedy Jr. caiu no oceano Atlântico em 16 de julho de 1999. Os investigadores determinaram que a causa do acidente foi um erro comum, conhecido como desorientação espacial. Este fenômeno ocorre quando, devido à fraca visibilidade, os pilotos se desorientam e esquecem de confiar nos seus instrumentos para os ajudar a alcançar o destino com sucesso.

À medida que navegamos na vida, tantas vezes tudo se torna tão avassalador que nos sentimos desorientados. O diagnóstico de câncer, a morte de alguém querido, a perda de emprego, a traição de alguém. As tragédias inesperadas podem facilmente nos deixar perdidos e confusos.

Quando nos deparamos com tais situações, podemos tentar falar com Deus utilizando as palavras do Salmo 43. Nele, o salmista está sobrecarregado e sente-se perdido porque se percebe rodeado pelo mal e por injustiça. Em desespero, ele pede a Deus que lhe conceda a orientação segura para o ajudar a navegar em segurança nessa situação até o destino desejado, a presença de Deus (vv.3-4). Na presença do Senhor, o salmista sabe que encontrará renovada esperança e alegria.

Quais os instrumentos que o salmista pede para que lhe sirvam de orientação? A luz da verdade e a certeza da presença de Deus por meio do Seu Espírito Santo.

Quando você estiver se sentindo perdida e desorientada, a fiel orientação de Deus por meio da presença amorosa do Seu Espírito pode confortá-la e iluminar o seu caminho.

MOMENTOS DE REFLEXÃO

Envia a tua luz e a tua verdade, para que me guiem. Salmo 43:3

Ajuda-nos a entender como a vida é breve, para que vivamos com sabedoria. Salmo 90:12

Confie no S<small>ENHOR</small> de todo o coração; não dependa de seu próprio entendimento. Busque a vontade dele em tudo que fizer, e ele lhe mostrará o caminho que deve seguir. Provérbios 3:5-6

MOMENTOS DE RENOVAÇÃO

Pai, sou grata por não me teres deixado sozinha nas circunstâncias desafiadoras e desorientadoras da vida. Por favor, ajuda-me a confiar em ti para guiar meus passos hoje.

84

Mudança inesperada

Tiago 4:13-17

Em janeiro de 1943, os ventos quentes atingiram um estado norte-americano elevando rapidamente as temperaturas de -20° para 7°C. Essa mudança drástica do clima, uma variação de 27 graus, ocorreu em apenas dois minutos. A maior variação de temperatura registrada nos EUA ao longo de um período de 24 horas é de incríveis 39,4°C! Em 15 de janeiro de 1972, no estado de Montana, EUA, registrou-se o salto de temperatura de -48° para 9°C.

As mudanças repentinas, porém, não significam apenas um fenômeno climático. Às vezes, é típico do próprio curso da vida. Tiago nos lembra: "Prestem atenção, vocês que dizem: 'Hoje ou amanhã iremos a determinada cidade e ficaremos lá um ano. Negociaremos ali e teremos lucro'. Como sabem o que será de sua vida amanhã? A vida é como a névoa ao amanhecer: aparece por um pouco e logo se dissipa" (4:13-14). Uma perda inesperada. Um diagnóstico surpresa. Um retrocesso financeiro. Mudanças súbitas.

A vida é uma jornada com muitos elementos imprevisíveis. Por isso Tiago nos adverte a deixar as "arrogantes pretensões" (v.16) que não levam em conta o Todo-Poderoso. Ele nos aconselhou, "O que devem dizer é: 'Se o Senhor quiser, viveremos e faremos isso ou aquilo'" (v.15). Os acontecimentos de nossa vida podem ser incertos, mas uma coisa é certa: em todos os momentos inesperados, nosso Deus nunca nos deixará. Ele é o Único imutável em nossa vida.

MOMENTOS DE REFLEXÃO

Prestem atenção, vocês que dizem: "Hoje ou amanhã iremos a determinada cidade e ficaremos lá um ano. Negociaremos ali e teremos lucro". Como sabem o que será de sua vida amanhã? A vida é como a névoa ao amanhecer: aparece por um pouco e logo se dissipa. Tiago 4:13-14

…o próprio Senhor irá adiante de vocês. Ele estará com vocês; não os deixará nem os abandonará. Deuteronômio 31:8

MOMENTOS DE RENOVAÇÃO

Pai, perdoa-me pelas vezes em que me preocupo com coisas que não posso prever ou controlar e ajuda-me a encontrar o descanso em ti.

85

Doces lembretes

Êxodo 3:7-17

Quando a tumba do rei egípcio Tutancâmon foi descoberta em 1922, ela estava cheia de coisas que os antigos egípcios pensavam ser necessárias na vida após a morte. Entre itens como santuários de ouro, joias, roupas, móveis e armas havia um pote cheio de mel, ainda comestível, depois de mais de 3.000 anos!

Hoje pensamos no mel principalmente como um adoçante, mas no mundo da antiguidade ele tinha muitos outros usos. O mel é um dos únicos alimentos conhecidos por ter todos os nutrientes necessários para sustentar a vida, por isso era consumido para nutrição. Além disso, o mel tem valor medicinal. É um dos curativos mais antigos conhecidos, pois possui propriedades que previnem infecções.

Quando Deus resgatou os filhos de Israel do cativeiro egípcio, Ele prometeu conduzi-los a uma "terra que produz leite e mel" (Êxodo 3:8,17), uma metáfora para abundância. Quando sua jornada foi prolongada devido ao pecado, Deus os alimentou com maná, massa folheada com gosto de mel (16:31). Os israelitas reclamaram por terem que comer a mesma comida por tanto tempo, mas é provável que Deus os estivesse lembrando gentilmente do que eles desfrutariam na Terra Prometida.

Deus ainda usa o mel para nos lembrar de que os Seus caminhos e Suas palavras são mais doces que o favo de mel (Salmo 19:10). Portanto, as palavras que falamos também devem ser como o mel que comemos, curativo e doce para a alma (Provérbios 16:24).

MOMENTOS DE REFLEXÃO

Por isso, desci para libertá-los do poder dos egípcios e levá-los do Egito a uma terra fértil e espaçosa. É uma terra que produz leite e mel com fartura. Êxodo 3:8

Os israelitas chamaram aquela comida de maná. Era branco como a semente de coentro e tinha gosto de massa folhada de mel. Êxodo 16:31

Palavras bondosas são como mel: doces para a alma e saudáveis para o corpo. Provérbios 16:24

MOMENTOS DE RENOVAÇÃO

Pergunte a Deus como você pode encorajar outras pessoas e levar-lhes a graça divina por meio de suas palavras e ações hoje. Como Ele responde?

86

A imagem do desespero

Salmo 107:4-9

Durante a Grande Depressão nos EUA, a fotógrafa Dorothea Lange fotografou Florence Owens Thompson e seus filhos. A foto *Mãe Migrante*, retrata o desespero de uma mãe diante do fracasso da colheita de ervilhas. Dorothea a tirou enquanto trabalhava para a Administração de Segurança das Fazendas, na esperança de conscientizar os proprietários sobre as necessidades dos desesperados trabalhadores agrícolas sazonais.

O livro de Lamentações retrata outro momento de desespero — o de Judá logo após a destruição de Jerusalém. Antes de o exército de Nabucodonosor invadir para destruir a cidade, o povo havia sofrido de fome graças a um cerco (2 Reis 24:10-11). Embora sua tribulação tenha sido o resultado de anos de desobediência a Deus, o escritor de Lamentações clamou a Deus em favor de seu povo (Lamentações 2:11-12).

Embora o autor do Salmo 107 também descreva um momento de desespero na história de Israel durante as peregrinações no deserto (vv.4-5), o enfoque passa a ser sobre a ação que se torna necessária em tempos difíceis: "Em sua aflição, clamaram ao Senhor..." (v.6). E que resultado maravilhoso: "...e ele os livrou de seus sofrimentos".

Em desespero? Não fique em silêncio. Clame a Deus. Ele ouve e anseia por restaurar sua esperança. Embora o Senhor nem sempre nos tire de situações difíceis, Ele promete estar sempre conosco.

MOMENTOS DE REFLEXÃO

Chorei até que não tivesse mais lágrimas; meu coração está aflito. Lamentações 2:11

Tu conheces meus desejos, Senhor, e ouves cada um de meus suspiros. Salmo 38:9

Que louvem o S<small>ENHOR</small> por seu grande amor e pelas maravilhas que fez pela humanidade. Pois ele sacia o sedento e enche de coisas boas o faminto. Salmo 107:8-9

MOMENTOS DE RENOVAÇÃO

Pai, sou grata por Tua presença reconfortante. Obrigada por prometeres estar sempre comigo.

87

Quem sou eu...?

Êxodo 3:7-15

Anos atrás, o evangelista mundialmente famoso Billy Graham estava escalado para falar na Universidade de Cambridge, na Inglaterra, mas ele não se sentia qualificado para falar àqueles sofisticados pensadores. Graham não tinha diplomas de estudos avançados e não havia frequentado o seminário. O evangelista confidenciou a um amigo próximo: "Não sei se já me senti tão inadequado e totalmente despreparado para uma missão". Ele orou pela ajuda de Deus, e o Senhor o abençoou para compartilhar sobre a simples verdade do evangelho e a cruz de Cristo.

Moisés também se sentiu inadequado quando Deus o recrutou para a tarefa de dizer ao faraó para libertar os israelitas. Moisés perguntou: "Quem sou eu para me apresentar ao faraó?" (Êxodo 3:11). Embora Moisés possa ter questionado sua eficácia porque ele não tinha "facilidade para falar" (4:10), Deus disse: "Eu estarei com você" (3:12). Sabendo que teria de compartilhar o plano de resgate de Deus e relatar aos israelitas que o enviaram, Moisés perguntou a Deus: "O que devo dizer?". Deus respondeu: "Eu Sou me enviou a vocês" (vv.13-14). Seu nome, "Eu Sou", revelou Seu caráter eterno, autoexistente e todo-suficiente.

Mesmo quando questionamos nossa capacidade de fazer o que Deus nos pediu, podemos confiar nele. Nossas deficiências são menos importantes do que a suficiência de Deus. Quando perguntamos: "Quem sou eu?" podemos lembrar que Deus disse: "Eu Sou".

MOMENTOS DE REFLEXÃO

Moisés disse a Deus: "Se eu for aos israelitas e lhes disser: 'O Deus de seus antepassados me enviou a vocês', eles perguntarão: 'Qual é o nome dele?'. O que devo dizer?". Deus respondeu a Moisés: "Eu Sou o que Sou. Diga ao povo de Israel: Eu Sou me enviou a vocês". Êxodo 3:13-14

Jesus respondeu: "Eu lhes digo a verdade: antes mesmo de Abraão nascer, Eu Sou!". João 8:58

MOMENTOS FOR RENOVAÇÃO

Pai, mesmo quando me sinto inadequada ou despreparada, ajuda-me a confiar que Tu podes me capacitar para realizar qualquer tarefa que me pedires.

88

Um milagre voador

Salmo 104:10-24

Dentre as criaturas de Deus, a borboleta é uma das mais incrivelmente lindas! Seu voo suave, asas coloridas e seus surpreendentes padrões migratórios são características que as tornam uma obra-prima do mundo natural.

Esse inseto voador, ao mesmo tempo em que nos surpreende com prazer visual, também nos fornece exemplos surpreendentes das maravilhas da criação de Deus.

Por exemplo, a majestosa borboleta-monarca pode viajar 4.800 quilômetros em sua migração para a América Central, apenas para aterrissar na mesma árvore em que seus pais ou até seus avós pousaram uma ou duas gerações antes. Ela faz isso guiada por um cérebro do tamanho de uma cabeça de alfinete.

Pensemos na metamorfose da borboleta-monarca. Após a lagarta construir um casulo em torno de si mesma, ela libera uma substância química que transforma o seu interior em uma massa pastosa, sem partes perceptíveis. De alguma forma, a partir desta massa emerge o cérebro, as partes internas, a cabeça, as patas e as asas de uma borboleta.

Um especialista em borboletas disse: "A transformação do corpo de uma lagarta no corpo e nas asas de uma borboleta é, sem dúvida, uma das maravilhas da vida na Terra". Outro especialista acredita que esta metamorfose é "vista como um milagre".

"Ó Senhor, que variedade de coisas criaste!..." (Salmo 104:24) — e a borboleta é apenas uma delas.

MOMENTOS DE REFLEXÃO

Ó Senhor, que variedade de coisas criaste! Fizeste todas elas com sabedoria; a terra está cheia de tuas criaturas. Ali está o oceano, vasto e imenso, cheio de seres de todo tipo, grandes e pequenos. Salmo 104:24-25

Então Deus olhou para tudo que havia feito e viu que era muito bom. Gênesis 1:31

Pois ele criou as estrelas, as Plêiades e o Órion. Transforma a escuridão em manhã e o dia em noite. Tira água dos oceanos e a derrama sobre a terra; seu nome é Senhor! Amós 5:8

MOMENTOS FOR RENOVAÇÃO

Pondere sobre as obras da criação de Deus e adore o Senhor. Permita que Ele responda ao louvor que você lhe dedica.

89

Ore sem qualquer pressa

Salmo 46

Alice Kaholusuna conta sobre como o povo havaiano sentava-se à porta dos seus templos por um longo período de tempo preparando-se antes de entrar. Mesmo depois de entrar, eles iam lentamente ao altar para oferecer suas orações. Depois, eles se sentavam do lado de fora novamente por um longo tempo para "respirar vida" em suas orações. Quando os missionários chegaram à ilha, os havaianos consideravam as orações deles, por vezes, muito estranhas. Os missionários se levantavam, proferiam algumas frases, chamavam-nas de "oração", diziam *amém* e pronto, terminavam com isso. Os havaianos descreviam essas orações como "sem fôlego".

A história de Alice fala de como o povo de Deus nem sempre aproveita a oportunidade para silenciar-se e conhecer o Senhor: "Aquietem-se e saibam" (Salmo 46:10). Não se engane: Deus ouve as nossas orações, sejam elas rápidas ou lentas. Mas muitas vezes o ritmo de nossa vida imita o ritmo do nosso coração, e precisamos dar tempo suficiente para Deus falar não apenas em nosso íntimo, mas também ao coração dos que estão ao nosso redor. Quantos momentos vivificadores perdemos por correr, dizer *amém* e finalizar o que estamos fazendo?

Muitas vezes somos impacientes com tudo, com as pessoas lentas e até com a faixa lenta do trânsito. No entanto, Deus em Sua bondade diz: "Aquiete-se. Inspire e expire. Vá devagar e lembre-se de que eu sou Deus, o seu refúgio e fortaleza, socorro sempre presente na angústia". Agir assim demonstra que sabemos que Deus é Deus. Agir assim demonstra que confiamos em Deus. Fazer isso é viver.

MOMENTOS DE REFLEXÃO

Aquietem-se e saibam que eu sou Deus! Salmo 46:10

"Saia e ponha-se diante de mim no monte", disse o Senhor. E, enquanto Elias estava ali, o Senhor passou, e um forte vendaval atingiu o monte. Era tão intenso que as pedras se soltavam do monte diante do Senhor, mas o Senhor não estava no vento. Depois do vento houve um terremoto, mas o Senhor não estava no terremoto. Depois do terremoto houve fogo, mas o Senhor não estava no fogo. E, depois do fogo, veio um suave sussurro. 1 Reis 19:11-12

MOMENTOS FOR RENOVAÇÃO

Pai, sou grata por seres minha ajuda sempre presente em qualquer situação. Dá-me a graça para eu aquietar-me e reconhecer que Tu és Deus.

90

As palavras têm importância

Deuteronômio 4:1-10

Kim Peek era um homem culto e com memória extraordinária que memorizou todas as peças de Shakespeare. Durante uma execução da peça *Noite de Reis*, Peek percebeu que o ator havia pulado uma palavra de uma das falas. Peek levantou-se repentinamente e gritou: "Pare!". O ator pediu desculpas e disse que não achou que alguém fosse se importar. Peek respondeu: "Shakespeare se importaria".

As palavras têm importância, principalmente quando são as palavras do próprio Deus. Moisés alertou Israel: "Não acrescentem coisa alguma às ordens que eu lhes dou, nem tirem coisa alguma delas. Simplesmente obedeçam aos mandamentos do Senhor…" (Deuteronômio 4:2). Moisés frequentemente lembrava Israel da misericórdia e da fidelidade de Deus a eles no passado. Contudo ele também enfatizava a importância da obediência aos mandamentos de Deus conforme o povo se preparava para entrar na Terra Prometida. Ele lhes disse que a obediência lhes traria bênçãos sobre a vida deles e uma rica herança (vv.39-40). Cada mandamento e ordenança tinha importância para Deus. O valor que o Seu povo colocava na Palavra de Deus demonstrava o modo como o viam.

Hoje, quando nós damos valor à Palavra de Deus e a manejamos com cuidado, obedecendo aquilo que ali está dito, damos a Deus a reverência que Ele verdadeiramente merece.

MOMENTOS DE REFLEXÃO

Não acrescentem coisa alguma às ordens que eu lhes dou, nem tirem coisa alguma delas. Simplesmente obedeçam aos mandamentos do Senhor... Deuteronômio 4:2

Quem ouve minhas palavras e as pratica é tão sábio como a pessoa que constrói sua casa sobre uma rocha firme. Mateus 7:24

Tua palavra é lâmpada para meus pés e luz para meu caminho. Salmo 119:105

MOMENTOS FOR RENOVAÇÃO

Pai, ajuda-me a dar valor a cada parte de Tua Palavra e a ouvir a sabedoria que ela contém.

91

Como ficar na pista

1 João 2:18-27

O corredor cego mais rápido do mundo, David Brown, da equipe paraolímpica dos EUA, atribui as suas vitórias a Deus, aos primeiros conselhos de sua mãe ("não fique à toa") e ao seu guia de corrida, o veterano velocista Jerome Avery. Unido a Brown por uma corda amarrada aos seus dedos, Avery guia as vitórias de Brown com palavras e toques.

"É tudo uma questão de ouvir as suas sugestões dele", diz Brown, que afirma que poderia "desestabilizar-se" onde a pista de corridas de 200 metros tem curvas. "Estamos sempre revisando as estratégias de corrida, comunicando-nos não apenas com dicas verbais, mas sinais físicos."

Na corrida da vida, somos abençoados com o Guia Divino. Nosso Ajudador, o Espírito Santo lidera os nossos passos quando o seguimos. "Escrevo estas coisas para adverti-los sobre os que desejam enganá-los. Vocês, porém, receberam dele a unção, e ela permanece em vocês, de modo que não precisam que alguém lhes ensine a verdade. Pois o que a unção lhes ensina é verdade, e não mentira, e é tudo que precisam saber" (1 João 2:26-27).

João enfatizava esse ensino pleno de sabedoria aos cristãos de sua época que enfrentavam "anticristos" que negavam o Pai e que Jesus é o Messias (v.22). Nós também enfrentamos esses negadores hoje. Mas o Espírito Santo é o nosso Guia Divino e Ele nos conduz em nossa caminhada seguindo a Jesus. Podemos confiar na Sua orientação para encorajar-nos com a verdade, mantendo-nos no caminho certo.

MOMENTOS DE REFLEXÃO

Pois o que a unção [que o Espírito] lhes ensina é verdade, e não mentira, e é tudo que precisam saber. 1 João 2:27

Que Deus, a fonte de esperança, os encha inteiramente de alegria e paz, em vista da fé que vocês depositam nele, de modo que vocês transbordem de esperança, pelo poder do Espírito Santo. Romanos 15:13

E eu pedirei ao Pai, e ele lhes dará outro Encorajador, que nunca os deixará. João 14:16

MOMENTOS FOR RENOVAÇÃO

Pai, sintoniza o meu coração com a orientação do Teu Espírito Santo para que eu busque a Tua verdade e não mentiras.

92

Lutando em oração

Gênesis 32:24-32

A vida de Denis transformou-se depois que alguém lhe deu um exemplar do Novo Testamento. A leitura o cativou profundamente e tornou-se sua companheira constante. Em 6 meses, duas transformações ocorreram na vida dele. Denis depositou sua fé em Jesus pelo perdão de seus pecados e foi diagnosticado com um tumor cerebral depois de ter severas dores de cabeça. A dor insuportável o deixou acamado e incapaz de trabalhar. Numa noite de dor e sem dormir, ele clamou a Deus e, finalmente, o sono chegou às 4h30 da manhã.

A dor física pode nos fazer clamar a Deus, mas outras circunstâncias excruciantes também nos encorajam a buscá-lo. Séculos antes dessa noite da luta de Denis, Jacó, desesperado, enfrentou o Senhor Deus (Gênesis 32:24-32). Para Jacó, isso aconteceu por causa de assuntos familiares mal resolvidos. Ele tinha prejudicado o seu irmão, Esaú, (cap.27) e temia que a retribuição fosse iminente. Ao procurar a ajuda do Senhor nessa situação difícil, Jacó encontrou-se com Deus face a face (32:30) e esse momento o transformou.

E Denis também foi transformado. Depois de implorar a Deus em oração, ele conseguiu se recuperar, e o exame médico não demonstrou mais os sinais do tumor. Embora Deus nem sempre decida nos curar milagrosamente, temos a confiança de que Ele sempre ouve as nossas orações e nos dará o que precisamos. Em nosso desespero, ofereçamos orações sinceras a Deus e deixemos os resultados para Ele!

MOMENTOS DE REFLEXÃO

Com isso, Jacó ficou sozinho no acampamento. Veio então um homem, que lutou com ele até o amanhecer. Gênesis 32:24

Jacó chamou aquele lugar de Peniel, pois disse: "Vi Deus face a face e, no entanto, minha vida foi poupada". Gênesis 32:30

Meu Deus, meu Deus, por que me abandonaste? [...] Tu, porém, me tiraste a salvo do ventre de minha mãe e me deste segurança quando ela ainda me amamentava. Fui colocado em teus braços assim que nasci; desde o ventre de minha mãe, tens sido meu Deus. Salmo 22:1,9-10

MOMENTOS FOR RENOVAÇÃO

Fale com Deus sobre uma área na qual você tem dificuldades e ouça o que Ele tem a dizer ao seu coração.

93

Você está faminto neste momento?

Tiago 2:14-18

Tomás sabia o que precisava fazer. Tendo nascido em uma família pobre na Índia e sido adotado por uma família norte-americana, após uma viagem de volta à Índia, ele testemunhou as terríveis necessidades das crianças em sua cidade natal. Por isso, ele sabia que tinha que ajudar. Ele começou a fazer planos para voltar aos Estados Unidos, terminar seus estudos, economizar muito dinheiro e voltar à sua cidade natal no futuro.

Entretanto, depois de ler sobre o questionamento de Tiago (2:14-18) no qual ele pergunta: "De que adianta, meus irmãos, dizerem que têm fé se não a demonstram por meio de suas ações?" (v.14), Tomás ouviu uma garotinha em seu país natal gritar para a mãe: "Mas mamãe, estou com fome agora!". Ele se lembrou das vezes em que passara muita fome quando criança: vasculhando latas de lixo em busca de comida. Tomás sabia que não podia esperar anos para ajudar. Ele decidiu: "Vou começar agora!"

Hoje, o orfanato que ele começou abriga 50 crianças bem alimentadas e cuidadas que estão aprendendo sobre Jesus e recebendo educação, tudo porque um homem não adiou o que sabia que Deus estava lhe pedindo para fazer.

A mensagem de Tiago também se aplica a nós. A nossa fé em Jesus Cristo nos proporciona grandes vantagens: um relacionamento com Ele, uma vida abundante e uma esperança futura. Mas qual a utilidade disso se não estendemos a mão e ajudamos os que estão em necessidades? Você consegue ouvir o clamor? "Estou com fome agora!"

MOMENTOS DE REFLEXÃO

De que adianta, meus irmãos, dizerem que têm fé se não a demonstram por meio de suas ações? […] Como veem, a fé por si mesma, a menos que produza boas obras, está morta. Tiago 2:14,17

Quem ajuda os pobres empresta ao S<small>ENHOR</small>; ele o recompensará. Provérbios 19:17

E não se esqueçam de fazer o bem e de repartir o que têm com os necessitados, pois esses são os sacrifícios que agradam a Deus. Hebreus 13:16

MOMENTOS FOR RENOVAÇÃO

Reflita sobre as necessidades que a movem à compaixão, e pergunte a Deus como Ele a convoca para agir.

94

Uma casa na rocha

Mateus 7:24-29

Cerca de 34 mil residências nos Estados Unidos correm o risco de desabar devido aos alicerces defeituosos. Sem o conhecimento adequado na época da construção, uma empresa de concreto extraiu pedra de uma pedreira misturada com um mineral que, com o tempo, faz o concreto rachar e se desintegrar. As fundações de quase 600 casas já desmoronaram, e esse número provavelmente aumentará com o tempo.

Jesus usou a imagem da construção de uma casa sobre uma fundação defeituosa para explicar o perigo muito mais arriscado de construir a nossa vida em terreno instável. Ele explicou como alguns de nós construímos nossa vida sobre uma rocha resistente, garantindo nossa solidez quando enfrentamos fortes tempestades. Outros de nós, no entanto, erguemos a nossa vida sobre a areia; e quando as tempestades se intensificam, desmoronamos "com grande estrondo" (Mateus 7:27). A única distinção entre construir sobre um fundamento inabalável e um que desmorona é se colocamos ou não as palavras de Cristo em prática (v.26). A questão não é se ouvimos ou não as Suas palavras, mas se as praticamos à medida que Ele nos capacita.

Há muita sabedoria oferecida a nós neste mundo, além dos muitos conselhos e ajuda (e muito disso é bom e benéfico). No entanto, se alicerçarmos a nossa vida em qualquer outro fundamento que não seja a humilde obediência à verdade de Deus, criamos problemas para nós. Em

Sua força, fazer o que Deus diz é a única maneira de ter uma casa — uma vida — construída sobre a rocha.

MOMENTOS DE REFLEXÃO

Quem ouve minhas palavras e as pratica é tão sábio como a pessoa que constrói sua casa sobre uma rocha firme. Mateus 7:24

Se algum de vocês precisar de sabedoria, peça a nosso Deus generoso, e receberá. Ele não os repreenderá por pedirem. Tiago 1:5

Pois o SENHOR concede sabedoria; de sua boca vêm conhecimento e entendimento. Provérbios 2:6

MOMENTOS FOR RENOVAÇÃO

Pai, muito do que experimento parece instável e temporário, uma vida construída na areia. Quero construir minha vida fundamentada em ti e em Tua sabedoria. Ajuda-me a ouvir e a responder aos Teus sussurros hoje.

95

Tudo entregarei

Marcos 10:26-31

Dois homens que hoje são lembrados por servirem ao próximo por amor a Jesus deixaram suas carreiras artísticas para dedicarem-se ao que criam ser o chamado de Deus para eles. James O. Fraser (1886-1938) decidiu não continuar como pianista de concertos na Inglaterra para servir o povo Lisu na China, enquanto o norte-americano Judson Van DeVenter (1855-1939) optou por se tornar um evangelista em vez de seguir uma carreira artística. Mais tarde, DeVenter escreveu o hino "Tudo entregarei" (CC 295).

Embora a vocação nas artes seja o chamado perfeito para muitos, esses homens creram que Deus os chamava para abandonar a carreira que tinham por outra. Talvez tenham encontrado inspiração em Jesus quando Ele aconselhou o jovem rico a desistir de suas posses para segui-lo (Marcos 10:17-25). Pedro foi testemunha desse diálogo e exclamou: "Deixamos tudo para segui-lo!" (v.28). Jesus assegurou-lhe de que Deus daria aos que o seguem "neste mundo, cem vezes mais" e no mundo futuro "a vida eterna" (v.30). Porém, Ele lhes daria de acordo com a sabedoria divina: "muitos primeiros serão os últimos, e muitos últimos serão os primeiros" (v.31).

Não importa o local em que Deus tenha nos colocado, somos chamados a entregar diariamente a nossa vida a Cristo, obedecer ao Seu gentil chamado para segui-lo e servi-lo com os nossos talentos e recursos, seja no lar, no escritório, na comunidade ou muito longe de casa.

MOMENTOS DE REFLEXÃO

Jesus respondeu: "Eu lhes garanto que todos que deixaram casa, irmãos, irmãs, mãe, pai, filhos ou propriedades por minha causa e por causa das boas-novas receberão em troca, neste mundo, cem vezes mais casas, irmãos, irmãs, mães, filhos e propriedades, com perseguição, e, no mundo futuro, terão a vida eterna. Marcos 10:29-30

Portanto, irmãos, suplico-lhes que entreguem seu corpo a Deus, por causa de tudo que ele fez por vocês. Que seja um sacrifício vivo e santo, do tipo que Deus considera agradável. Essa é a verdadeira forma de adorá-lo. Romanos 12:1

Ainda outras caíram em solo fértil e produziram uma colheita trinta, sessenta e até cem vezes maior que a quantidade semeada. Mateus 13:8

MOMENTOS FOR RENOVAÇÃO

Pergunte a Deus de que maneira Ele deseja que você se entregue mais plenamente a Ele. Ouça a resposta e o desejo do Senhor em relação a isso.

96

Sobre a oração, a poeira e as estrelas

Gênesis 15:1-6

Lara e Davi desejavam um bebê, mas o médico lhes disse que isso seria impossível. Lara confidenciou a uma amiga: "Tive uma conversa franca com Deus". Mas foi depois de uma dessas "conversas" que o casal também conversou francamente com o pastor de sua igreja local, que lhes falou sobre o ministério de adoção promovido pela igreja. Um ano mais tarde, o casal foi abençoado com a adoção de um menino.

Em Gênesis 15, a Bíblia menciona outra conversa franca entre Abrão e Deus. O Senhor tinha-lhe dito: "Não tenha medo, Abrão, pois eu serei seu escudo e sua recompensa será muito grande" (v.1). Mas Abrão, inseguro com as promessas de Deus sobre o futuro, respondeu com franqueza: "Ó Senhor Soberano, de que me adiantam todas as tuas bênçãos se eu nem mesmo tenho um filho?" (v.2).

Antes disso, Deus já tinha prometido a Abrão: "Eu lhe darei tantos descendentes quanto o pó da terra" (13:16). Agora Abrão, num momento bastante humano, lembrava isso a Deus. Mas observe qual foi a resposta divina: Deus assegurou Abrão, dizendo-lhe: "Olhe para o céu e conte as estrelas, se for capaz. Este é o número de descendentes que você terá", ou seja, os descendentes dele seriam incontáveis (15:5).

Deus é muito bom, não só por permitir a oração sincera, mas também por tranquilizar gentilmente Abrão! Mais tarde, Deus mudaria o nome desse patriarca para Abraão ("pai de muitos"). Como Abraão, nós também podemos abrir o nosso coração com o Senhor e reconhecer que podemos confiar nele para fazer o que é melhor para nós e para os outros.

MOMENTOS DE REFLEXÃO

Em seguida, levou Abrão para fora e lhe disse: "Olhe para o céu e conte as estrelas, se for capaz. Este é o número de descendentes que você terá". Genesis 15:5

E, assim, uma nação inteira veio desse homem velho e sem vigor, uma nação numerosa como as estrelas do céu e incontável como a areia da praia. Hebreus 11:12

MOMENTOS FOR RENOVAÇÃO

Pai, sou grata por te importares com os detalhes mais íntimos da minha vida. Ajuda-me a ficar perto de ti em oração hoje.

97

Ouvindo a Deus

1 Samuel 3:1-10

Você já teve um resfriado em que sofria para ouvir direito? Seus sintomas começaram a abafar e silenciar os sons, e você quase sentiu como se estivesse vivendo debaixo d'água? Até passarmos por uma situação em que perdemos a audição, é fácil não darmos valor a ela.

O jovem Samuel, no templo, deve ter se questionado sobre o que estava ouvindo ao esforçar-se para acordar ao ouvir seu nome sendo chamado (1 Samuel 3:4). Por três vezes ele se apresentou diante de Eli, o sumo sacerdote. Somente na terceira vez Eli percebeu que era o Senhor falando a Samuel. "Naqueles dias, as mensagens do Senhor eram muito raras" (v.1) e o povo não estava em sintonia com a Sua voz. Mas Eli instruiu Samuel sobre como responder (v.9).

O Senhor fala muito mais agora do que nos dias de Samuel. A carta aos Hebreus nos diz: "Havendo Deus, outrora, falado [...] aos pais, pelos profetas, nestes últimos dias, nos falou pelo Filho..." (1:1-2). Lemos em Atos 2 sobre a vinda do Espírito Santo no Pentecostes (vv.1-4), para nos orientar sobre o que Cristo nos ensinou (João 16:13). Mas precisamos aprender a ouvir a Sua voz e a responder em obediência. Às vezes o ouvimos como se estivéssemos submersos, como se tivéssemos a sensação de ter os ouvidos tampados por uma gripe. Precisamos examinar o que pensamos ser a orientação do Senhor à luz do que está escrito na Bíblia e também aprender com outros cristãos amadurecidos pelo ensino das

Escrituras. Como filhas amadas de Deus, nós ouvimos a Sua voz. Ele ama gerar transformação em nós.

MOMENTOS DE REFLEXÃO

Enquanto isso, o menino Samuel servia ao S{\sc enhor} ajudando Eli. [...] De repente, o S{\sc enhor} chamou: "Samuel!". O menino respondeu: "Estou aqui!" 1 Samuel 3:1,4

De repente, veio do céu um som como o de um poderoso vendaval e encheu a casa onde estavam sentados. Então surgiu algo semelhante a chamas ou línguas de fogo que pousaram sobre cada um deles. Todos ficaram cheios do Espírito Santo e começaram a falar em outras línguas, conforme o Espírito os habilitava. Atos 2:2-4

MOMENTOS FOR RENOVAÇÃO

Diga a Deus: "Fala, porque estou ouvindo" (conforme 1 Samuel 3:9). Ouça a resposta amorosa de Deus.

98

Recuperando o que está perdido

1 Samuel 30:1-6,18-19

Na loja da assistência técnica, o nosso pastor se preparou para receber as más notícias. O telefone dele tinha caído acidentalmente durante uma aula. Perda total, certo? Na verdade, não! A funcionária da loja recuperou todos os dados do aparelho, incluindo os seus vídeos bíblicos e fotos. Ela também recuperou todas as fotos que ele já havia deletado e substituiu o aparelho por um novo. Como ele disse: "Recuperei tudo o que tinha perdido e ainda um pouco mais".

Certa ocasião após um ataque dos violentos amalequitas, Davi liderou a sua própria missão de resgate. Rejeitado pelos governantes filisteus, ele e seu exército descobriram que os amalequitas haviam invadido e incendiado sua cidade de Ziclague, levando cativos "suas mulheres, seus filhos e suas filhas" (1 Samuel 30:2-3). Por essa razão, Davi e seus soldados "lamentaram e choraram em alta voz até não aguentar mais" (v.4). Esses homens, de tão amargurados que estavam com Davi, falaram até em "apedrejá-lo" (v.6).

"Mas Davi encontrou força no Senhor, seu Deus" (v.6). Como Deus prometeu, Davi os perseguiu e "recuperou tudo que os amalequitas haviam tomado [...]. Não faltava coisa alguma: nem pequena nem grande, nem filho nem filha, nem qualquer outra coisa que havia sido tomada. Davi trouxe tudo de volta" (vv.18-19). À medida que enfrentamos os ataques espirituais que nos "roubam" até mesmo a esperança, que possamos encontrar forças renovadas em nosso Deus. Ele estará conosco em todos os desafios da vida.

MOMENTOS DE REFLEXÃO

Mas Davi encontrou forças no Senhor, seu Deus. 1 Samuel 30:6

Davi recuperou tudo que os amalequitas haviam tomado e resgatou suas duas esposas. Não faltava coisa alguma: nem pequena nem grande, nem filho nem filha, nem qualquer outra coisa que havia sido tomada. Davi trouxe tudo de volta. 1 Samuel 30:18-19

Minha alma se apega a ti; tua forte mão direita me sustenta. Salmo 63:8

MOMENTOS FOR RENOVAÇÃO

Pai, refugio-me em ti mesmo quando enfrento os desafios da vida. Por favor, ajuda-me hoje.

99

Ame o próximo com as suas orações

2 Coríntios 1:8-11

"As pessoas ainda oram por mim?" Essa era uma das primeiras perguntas que o missionário fazia à esposa quando ela o visitava na prisão. Ele tinha sido falsamente acusado e encarcerado por 2 anos devido a sua fé em Cristo. Sua vida corria perigo por causa das condições e hostilidades na prisão e os cristãos ao redor do mundo oravam por ele. Ele queria assegurar-se de que as orações não cessariam, pois tinha a certeza de que Deus usava as orações a seu favor de maneira poderosa.

Nossas orações pelos outros, especialmente pelos perseguidos pela causa de Cristo, são um presente de vital importância. Paulo deixou isso claro aos cristãos em Corinto ao falar sobre as dificuldades que enfrentou durante sua jornada missionária. Paulo estava sob grande pressão, tanto que pensou que não sobreviveria (2 Coríntios 1:8). Entretanto, mesmo sob tais condições, ele lhes disse que Deus o havia libertado e descreveu o instrumento que o Senhor tinha usado para isso: "Nele depositamos nossa esperança, e ele continuará a nos livrar. *E vocês nos têm ajudado ao orar por nós*" (vv.10-11, ênfase adicionada).

Deus se move por meio das nossas orações para realizar um grande bem na vida de Seu povo. Uma das melhores maneiras de amar os outros é orar por eles, pois por meio de nossas orações, abrimos a porta para a ajuda que somente Deus pode lhes conceder. Quando oramos pelos outros, nós os amamos em Sua força. Ninguém é maior ou mais amoroso do que Deus.

MOMENTOS DE REFLEXÃO

De fato, esperávamos morrer. Mas, como resultado, deixamos de confiar em nós mesmos e aprendemos a confiar somente em Deus, que ressuscita os mortos. 2 Coríntios 1:9

Não vivam preocupados com coisa alguma; em vez disso, orem a Deus pedindo aquilo de que precisam e agradecendo-lhe por tudo que ele já fez. Então vocês experimentarão a paz de Deus, que excede todo entendimento e que guardará seu coração e sua mente em Cristo Jesus. Filipenses 4:6-7

Orem no Espírito em todos os momentos e ocasiões. Permaneçam atentos e sejam persistentes em suas orações por todo o povo santo. Efésios 6:18

MOMENTOS FOR RENOVAÇÃO

Interceda por alguém que você conhece, peça a Deus que a oriente nessa intercessão pelo próximo.

100

Livres de nossas amarras

Salmo 18:3-6,16-19

Enquanto passeava, o escritor Martin Laird, muitas vezes, encontrava um homem com quatro cães da raça *Kerry Blue Terriers*. Três desses cães corriam soltos pelo campo, mas um ficava perto do dono, correndo em pequenos círculos. Quando Laird finalmente parou e perguntou sobre aquele comportamento estranho, o dono explicou que aquele era um cão resgatado que passara a maior parte de sua vida trancado num cercado. O *terrier* continuava a correr em círculos como se estivesse confinado dentro de um espaço limitado.

As Escrituras revelam que estamos presos e sem esperança, a menos que Deus nos resgate. O salmista escreveu sobre ser afligido por um inimigo, aprisionado pelos "laços da morte" e com "uma armadilha" em seu caminho (Salmo 18:4-5). Enclausurado e acorrentado, ele clamou a Deus por socorro (v.6). E com poder trovejante, o Senhor "estendeu a mão e [o] resgatou" (v.16).

Deus pode fazer o mesmo por nós, quebrando as correntes e nos libertando do confinamento. Ele pode nos libertar e nos levar "a um lugar seguro" (v.19). Ora, como é triste, então, quando continuamos correndo em pequenos círculos, como se ainda estivéssemos confinadas em nossas antigas prisões! Por Sua força, que não sejamos mais aprisionadas pelo medo, pela vergonha ou opressão. Deus nos resgatou dessas armadilhas da morte. Nós podemos nos mover livremente.

MOMENTOS DE REFLEXÃO

[Deus] me levou a um lugar seguro e me livrou porque se agrada de mim. Salmo 18:19

Todos nós nos desviamos como ovelhas; deixamos os caminhos de Deus para seguir os nossos caminhos. E, no entanto, o Senhor fez cair sobre ele os pecados de todos nós. Isaías 53:6

Portanto, se o Filho os libertar, vocês serão livres de fato. João 8:36

MOMENTOS FOR RENOVAÇÃO

Pai, liberta-me de qualquer área em que ainda estou espiritualmente acorrentada e da qual já sou livre, mas ainda vivo como se estivesse em cativeiro. Ajuda-me a perceber que Tu me libertaste!

AUTORES QUE CONTRIBUÍRAM:

James Banks
John Blase
Dave Branon
Con Campbell
Anne Cetas
Peter W. Chin
Winn Collier
Bill Crowder
Mart DeHaan
Xochitl Dixon
Dennis Fisher
Tim Gustafson
Kirsten Holmberg
Arthur Jackson
Cindy Hess Kasper
Alyson Kieda

Leslie Koh
Monica La Rose
Julie Ackerman Link
David McCasland
Elisa Morgan
Remi Oyedele
Amy Peterson
Amy Boucher Pye
Patricia Raybon
David H. Roper
Lisa M. Samra
Jennifer Benson Schuldt
Julie Schwab
Sheridan Voysey
Linda Washington
Marvin Williams

EDITORA-GERAL

ANNA HAGGARD é editora de conteúdo associada da *Our Daily Bread Publishing* (Publicações Pão Diário, EUA). Cristã, ela ama escrever e editar livros que compartilham sobre o amor generoso e profundo de Deus por todas as pessoas. Anna foi coautora da série *Called and Courageous Girls*. Reside em Grand Rapids, Michigan.

Se você gostou desta leitura, compartilhe com outros!

- Presenteie alguém com um exemplar deste livro.
- Mencione-o em suas redes sociais.
- Escreva uma avaliação sobre ele em nosso site ou no site da loja onde você o adquiriu.
- Recomende este livro para a sua igreja, clube do livro ou para seus amigos.

Ministérios Pão Diário valoriza as opiniões e perspectivas de nossos leitores. Seu *feedback* é muito importante para aprimorarmos a experiência de leitura que nossos produtos proporcionam a você.

Conecte-se conosco:

Instagram: paodiariooficial
YouTube: @paodiariobrasil
Facebook: paodiariooficial
Site: www.paodiario.org

Ministérios Pão Diário
Caixa Postal 9740
82620-981 Curitiba/PR

Tel.: (41) 3257-4028
WhatsApp: (41) 99812-0007
E-mail: vendas@paodiario.org

Escaneie o QR Code e conheça todos os outros materiais disponíveis em nosso site:

publicacoespaodiario.com.br